Treine seu cão

MANUAL COMPLETO

Treine seu cão

MANUAL COMPLETO

DR. BRUCE FOGLE
com PATRICIA HOLDEN WHITE

GLOBO estilo

GLOBOestilo

DK

A DORLING KINDERSLEY BOOK
www.dk.com

Tradução: Evelyn Kay Massaro
Edição, revisão de texto e editoração eletrônica: Clim Editorial

Texto fixado conforme as regras do Novo Acordo Ortográfico da Língua Portuguesa (Decreto Legislativo nº 54, de 1995).

EDITORA GLOBO S.A.
Av. Jaguaré, 1485 – 05346-902 – São Paulo-SP
www.globolivros.com.br

1ª edição, 2003
4ª reimpressão, 2012
Impressão e acabamento: Gráfica Ave Maria

Dados Internacionais de Catalogação na Publicação (CIP)
(Câmara Brasileira do Livro, SP, Brasil)

Fogle, Bruce

Treine seu cão / Bruce Fogle com Patricia Holden White ; [tradução Evelyn Kay Massaro]. - São Paulo : Globo, 2003.

Título original: New complete dog training manual.

ISBN 978-85-250-3732-9

1. Cães - Treinamento I. White, Patricia Holden. II. Título.

03-6526 CDD-636.70887

Índices para catálogo sistemático:
1. Cães : Treinamento : Zootecnia 636.70887

Sumário

Introdução

Sou mais conhecido como veterinário do que como adestrador de cães, mas desde o início de minha carreira profissional percebi a importância do comportamento de um cão, pois ele é o responsável tanto pelo prazer de ter um animal de estimação, com quem se criam vínculos de amizade, quanto pelo desprazer que um mau comportamento pode causar. Logo percebi que adestramento e comportamento eram tão importantes quanto a saúde e o bem-estar dos meus clientes caninos.

Patricia Holden White, que colabora comigo neste livro, é agente literária e também adestradora profissional – nasceu em cidade grande, mas nunca deixou de ter um cão amigo ao seu lado.

Esperamos que as instruções oferecidas neste manual sejam úteis e agradáveis tanto para você, leitor, quanto para seu cão. Elas são simples e lógicas, desde que se entenda que o objetivo é treinar um lobo domesticado e não um ser quase humano.

O treinamento de cães tem poucas regras básicas, a saber: deve ser curto, fácil e divertido – para os dois. Sua atitude e entusiasmo durante a sessão são tão importantes quanto os do seu animal. Se você não estiver disposto, desista e deixe para outra hora. Lembre-se de que seu objetivo é reforçar o relacionamento social que o cão deve ter com o dono. Não esqueça que você é o líder da matilha e o animal tem de ser seu súdito obediente.

O cão doméstico descende do lobo e convive com os seres humanos há mais de 10.000 anos. Por volta de 6.000 anos atrás, ele já apresentava as variedades de aspecto, tamanho e aptidões que conhecemos atualmente.

Nas mais diferentes regiões do planeta, as pessoas vêm desenvolvendo relacionamentos construtivos com os cães e séculos de cruzamentos seletivos resultaram em animais com aptidões específicas para ajudar os seres humanos no seu dia a dia.

No final do século 19, mais de 400 raças de cães eram oficialmente reconhecidas pelos kennel clubes espalhados pelo mundo. Elas ainda continuam existindo, mas o papel desempenhado pelos cachorros em nossa sociedade não para de evoluir. O problema é que, atualmente, a maioria dos cães é criada para servir de companhia para seus donos e não para pôr em prática as suas habilidades. Por milhares de anos os cães foram solicitados a usar suas aptidões físicas e mentais e, apesar de eles hoje serem possivelmente mais saudáveis e viverem mais protegidos no conforto de nossos lares, muitos levam uma vida tediosa que pode dar origem a problemas de comportamento.

As estatísticas dos centros de recolhimento mostram que os cães com maior probabilidade de serem abandonados são os menores de dois anos que apresentam comportamentos indesejáveis. Em algumas partes do mundo, a principal causa da morte de cães nessa faixa etária é a eutanásia solicitada por seus donos devido ao mau comportamento.

Tudo isso é perfeitamente evitável. O adestramento de um cão é muito simples, desde que você entenda que ele é um animal e goste do que está fazendo. Em um mundo tão conturbado como o nosso, é maravilhoso gozar da companhia tranquila de um cão bem treinado. Com este livro, esse prazer está ao seu alcance.

12345

A Mente do Seu Cão

Os cães compartilham uma série de necessidades, emoções e sentimentos com as pessoas. Eles são sociáveis e vivem bem na companhia de outros cães e dos seres humanos. Gostam de exercícios físicos e mentais, reagem satisfeitos diante de recompensas e desenvolvem maus hábitos quando estão entediados. Mostram-se sempre dispostos a aprender, mesmo fora das sessões de adestramento. No entanto, cães não são pessoas disfarçadas. Cada animal tem sua própria personalidade, inteligência, tolerância e capacidade para ser treinado. Apesar de séculos de cruzamentos seletivos, o cão continua pensando do mesmo modo como pensavam seus ancestrais, os lobos. Ele é um animal que faz parte de uma matilha e deseja aprender qual é o seu lugar nesse bando e como responder às ordens do seu líder. Lembre-se de que, na mente do seu cão, você e seus familiares são chefes de matilha. Vocês tomam as decisões e ele tem de obedecer. Compreenda o funcionamento da mente do seu cão e verá que o adestramento será muito divertido para vocês dois.

Diferenças Entre as Raças

Os humanos convivem com cães há pelo menos 10.000 anos. Originalmente, sua criação visava ao aproveitamento das habilidades do animal – serviam de cães de caça, pastoreio e guarda –, mas nos últimos duzentos anos passaram a ser escolhidos principalmente pelo seu tamanho, pelagem e cor. Algumas raças se mostram mais predispostas ao adestramento do que outras.

Cães de caça
Cães como os weimaraners, golden retrievers, labradores, setters e perdigueiros adoram seu trabalho. Por isso, ainda quando filhotes, devem ser treinados para gastar energia e agradar o dono.

Cães farejadores
Sabujos, basset hounds e beagles foram criados para desenvolver seu faro – são capazes de seguir os mais tênues rastros –, trabalhar em bando, ganir e latir para sinalizar a seus donos. Comunicam-se bem com outros cães.

Cães de pastoreio
Pastores alemães e collies, bastante resistentes, foram desenvolvidos para trabalhar com criadores de gado e tocar os animais mordiscando seus calcanhares. São cheios de energia e muito leais aos donos.

Informações adicionais

Diferença entre os sexos
Assim como cada raça tem sua própria personalidade, os sexos também apresentam características peculiares. O cérebro do macho é "masculinizado" por hormônios masculinos pouco antes de nascer. É por isso que ele, mesmo antes da puberdade, tende a ser maior e a se comportar dentro dos padrões masculinos clássicos, como o de ser o dono do território. Na puberdade e novamente por volta dos dois anos de idade, o machismo pode se tornar exagerado o que, às vezes, dificulta o adestramento. O cérebro da fêmea, ao contrário, é neutro no nascimento e se torna "feminino" na puberdade. Nessa fase, os hormônios femininos podem acentuar o comportamento possessivo e alterar o humor da cadela, provocar mudanças nas papilas gustativas e aumentar a necessidade de procurar "tocas" para se esconder. A castração antes de o animal atingir a maturidade sexual garante que a personalidade original do seu cão será mantida ao longo de toda a sua vida.

Cães de trabalho
Quer seu trabalho seja ser cão de guarda (boxers) ou puxar trenós (malamutes), eles foram criados para trabalhar. Por isso, apreciam tanto o adestramento físico quanto o mental.

Cães de companhia
A maioria das raças desse grupo, como poodles e dálmatas, costuma ser usada mais para ser companheiro do que para exercer suas aptidões no trabalho.

Terriers
Desenvolvidos para caçar ratos e pequenos animais, os terriers, em sua maioria, são pequenos, robustos, cavadores de buracos e têm latidos barulhentos. Se desafiados, raramente recuam.

Minis
Os chihuahuas, cocker spaniels Cavalier Rei Charles, terriers Yorkshire e bichons frisés foram criados para animais de companhia e adoram o contato com os humanos.

Tipos de Personalidade

Apesar de cada raça ter seu próprio perfil de personalidade, cada animal é único. Enquanto alguns cães são extrovertidos e gostam de ser o centro das atenções, outros são mais submissos. Ambos os tipos podem ser adestrados, mas é preciso usar métodos diferentes. A capacidade para ser treinado também varia de acordo com o lugar de onde veio o animal e o que ele vivenciou na infância.

O cão interessado reage ao adestramento com entusiasmo

O cão dominador resiste às ordens do dono

Interessado e cooperador

Os cães mais fáceis de treinar são os que apresentam uma curiosidade natural aliada à afinidade com os humanos. Os que gostam de investigar e prestam atenção nas pessoas respondem mais rapidamente ao adestramento do que os animais submissos, medrosos ou dominadores demais.

Dominador e confiante

Alguns cães têm personalidade naturalmente confiante, não importa a raça. O sexo também influi no adestramento. Os castrados e as fêmeas fora do período do cio são os mais fáceis de treinar. Cães não castrados tendem a ser mais dominadores e autoconfiantes, e, portanto, menos obedientes.

Aspectos da personalidade

Obediência

A maioria dos cães não é nem submissa nem dominadora. Em diferentes circunstâncias e diante de diferentes indivíduos, podem ser uma coisa ou outra. Quase todos apresentam um misto dos dois comportamentos.

Manipulação

Alguns cães dominam seus donos fingindo ser submissos. O animal que tem esse modo de agir aprende métodos diferentes de mostrar autoridade e pode, por exemplo, arranhar as pernas do dono exigindo colo.

Submissão

Cães muito submissos evitam o contato olho no olho com o dono, enfiam o rabo entre as pernas e se encolhem de medo se alguém se aproxima.

Distração

Alguns cães preferem brincar com outros animais a obedecer a seus donos. Esses cães não foram socializados adequadamente quando eram filhotes. Para treiná-los, é melhor sessões individuais, evitando o trabalho em grupo.

O cão submisso se encolhe, cheio de medo

Submisso e inseguro

Cães com personalidade submissa podem ficar apavorados quando recebem comandos. Esses animais precisam ser treinados com delicadeza e será melhor não dar ordens em tom ríspido. Se você não tem prática no adestramento de cães, considere a possibilidade de contratar um profissional.

Ordem para obedecer

Um cão deve obedecer todos os membros da família e aprender que, em certas situações – por exemplo, ao ouvir sons estranhos fora da casa –, ele tem permissão para latir como sinal de alerta. Em circunstâncias normais, ao ouvir uma ordem de qualquer pessoa da família, deve obedecer.

Aprendendo Desde Cedo

O comportamento de um cão é influenciado pela mãe e os irmãos de ninhada. Se a mãe tem o hábito de latir, os filhotes agirão da mesma maneira. A personalidade do cão se desenvolve entre três e doze semanas de idade. A melhor fase para comprar um filhote é quando ele tem cerca de oito semanas. A exposição a diferentes experiências servirá de base para um adestramento bem-sucedido.

O filhote aprende a brincar com seus próprios brinquedos

Conhecendo as pessoas

Procure fazer com que o filhote conheça o maior número possível de pessoas enquanto é bem novinho. Leve-o para passear de carro, conhecer seu local de trabalho e a casa dos seus amigos. Deixe-o brincar com outros cachorros, desde que sejam saudáveis, e apresente-o a muitas crianças.

Investigação pessoal

Os brinquedos desempenham um papel importante no adestramento dos cãezinhos, fornecendo estímulos mentais e físicos e evitando que eles se tornem destrutivos. Descubra quais são seus brinquedos preferidos (não devem ser parecidos com objetos domésticos) e use como prêmio no adestramento.

Resolução de problemas

Desenvolvimento social
A melhor ocasião para os cães aprenderem a se comportar adequadamente, tanto com outros cães quanto com os humanos, é quando estão com menos de quatro meses. A socialização precoce com outros animais reduz a probabilidade de surgirem problemas no adestramento. O contato apenas com humanos pode limitar a aptidão para receber ordens. Antes de comprar um cãozinho, procure saber tudo o que for possível sobre suas primeiras experiências.

Recompensa imediata
Quando o filhote obedecer um comando, gratifique-o imediatamente com um afago ou palavras tranquilizadoras. Como membro dominante do relacionamento, você tem de estar sempre no controle da situação.

Hábitos iniciais perduram
Não acostume o filhote a ser carregado de um lado para o outro quando for novinho. Se você agir dessa forma, quando ele se tornar adulto vai esperar o mesmo tratamento quando se sentir inseguro.

O filhote sabe instintivamente quando está sendo dominado

O filhote adora participar de brincadeiras

Entenda o medo

Vigiar todas as atividades do filhote é uma garantia de que as situações amedrontadoras serão minimizadas. Quer sejam resultantes de interações com cães, pessoas ou com outros animais, o medo nessa idade pode se transformar em fobia permanente, a não ser que seja rapidamente superado.

Estímulos mentais

Se os cães forem ativamente estimulados quando filhotes, eles apreciarão o aprendizado. O filhote aprende observando o comportamento da mãe. Uma pessoa da família deve ser escolhida como "mãe substituta", a primeira responsável pelo adestramento, embora todos devam participar.

As Recompensas

Ao iniciar o adestramento, certifique-se de que o cão entendeu que receberá prêmios pelo seu comportamento. Elogie e recompense no instante que ele atender suas ordens. Quando perceber que ele aprendeu as palavras e sinais de mão, vá diminuindo as recompensas em comida. Se constatar um verdadeiro mau comportamento, só repreenda o cachorro, não demonstre raiva, pois isso irá confundi-lo.

Contato visual
Só dê comandos verbais ou sinais com as mãos depois que houver estabelecido um contato visual entre você e o cão. Não o estimule demais usando um excesso de prêmios em comida.

Linguagem corporal
Você pode prever o comportamento do cão observando sua linguagem corporal. Dê ordens quando perceber que ele está começando a perder a concentração e não depois de ter desobedecido.

Prêmios instantâneos
Recompense o cão logo que ele obedecer à ordem. De início, use comida e elogios verbais. Depois de algum tempo, reduza os prêmios em comida, mas nunca deixe de fazer um elogio verbal ou um afago.

Os erros mais comuns

Reforço

Premiar o cão uma vez ou outra é o modo mais eficiente de reforçar um comportamento. Só recompense quando houver bom comportamento.

Prêmios não planejados

Se um cão resolve perseguir uma bicicleta e quando o ciclista se afasta ele receber algum tipo de recompensa, continuará a agir sempre dessa maneira. O momento de receber o prêmio reforça o comportamento.

Prevenindo a reação

No instante em que seu cão estabelecer contato visual com outro cachorro, vire sua cabeça para mudar a linha de visão. Isso deve ser feito antes que ele mostre os dentes, rosne ou comece a puxar a guia.

Comandos firmes

Uma ordem verbal, como "Pare", dita com voz firme e aliada a um borrifo inesperado e desagradável, porém inofensivo, de uma pistola de água, é um modo bastante eficaz de repreender o cão se ele não obedecer.

Os Comandos

Os cães reagem melhor a ordens curtas e incisivas, acompanhadas de claros sinais de mão. Evite repetir muito uma ordem porque isso irá confundi-lo. Atraia sua atenção chamando seu nome e depois dê o comando. Lembre que tanto a inflexão de sua voz quanto as expressões faciais são importantes. Sorria quando estiver satisfeito e faça cara feia se ele desobedecer a ordem de propósito.

Atraindo a atenção

Use o nome do cachorro para chamar sua atenção. Fique de pé, com os ombros eretos, e mantenha a concentração do animal fixada em você. Como incentivo, mostre que o prêmio de comida está em sua mão.

Linguagem corporal de acolhimento

Ao assumir uma postura de acolhida, você incentiva o cão a reagir à sua presença. Sorria e use um tom de voz cordial e entusiasmado, abrindo os braços para recebê-lo. Não economize elogios.

Informações adicionais

Palavras curtas

Os cães entendem melhor palavras curtas. Dê ao seu cachorro um nome de, no máximo, duas sílabas e que seja diferente de palavras comuns. Escolha uma palavra simples, como “Livre” ou “OK” para liberá-lo de uma ordem.

Aprovar sem intenção

Se um cão tímido recuar diante de um estranho e você, para tranquilizá-lo, disser “Tudo bem”, ele entenderá que você aprova seu comportamento. Dê-lhe bastante espaço e tempo para aceitar o estranho, mas não diga nada.

O valor do “Não”

O momento certo de dar um comando e saber quando se deve dizer “Não” são elementos importantes do adestramento. Um “Não” deve ser sempre seguido por uma ordem positiva sobre o que você deseja que ele faça.

Linguagem corporal

Os cães entendem a linguagem corporal dos humanos e logo percebem quando você está perdendo a concentração ou o interesse pela sessão de adestramento. Por isso, mantenha-se sempre alerta.

O cão aprende que o braço direito levantado do dono significa “Senta”.

Linguagem corporal de severidade

Quando o cão se comportar mal, assuma uma postura ameaçadora e faça cara feia. “Não” talvez seja a palavra mais importante que ele deve aprender, pois ela o impedirá de fazer algo perigoso. Se você tem um cão que desobedece constantemente suas ordens, procure ajuda profissional.

Sinais com as mãos

Ensine o cão a atender uma combinação de ordens verbais e visuais. Assim, quando ele estiver a uma certa distância, será possível controlá-lo chamando seu nome ou fazendo sinais mais enfáticos com as mãos.

Juntando Tudo

O adestramento deve ser prazeroso para você e seu cão. Comece em um ambiente tranquilo e, pouco a pouco, vá aumentando as possibilidades de distração até o cão saber comportar-se bem em qualquer lugar. As sessões devem ser curtas, treine apenas quando vocês dois estiverem dispostos e jamais dê ordens que não poderão ser reforçadas. Termine todas as sessões com um tom positivo.

Lições curtas

Os cães têm períodos de atenção menores do que os humanos. Não tente treinar um cachorro por mais de 15 minutos e duas vezes ao dia. Não inicie a sessão de adestramento se você ou seu cão estiverem com dificuldade de concentração.

A ocasião perfeita

A melhor hora para treinar um cão é quando ele está com fome. Isso o manterá mentalmente alerta e ele reagirá mais rápido para ganhar prêmios comestíveis. Se o cão for acostumado a se alimentar duas vezes ao dia, você terá duas oportunidades para as sessões de adestramento.

Resolução de problemas

Diminuindo os prêmios

Ao longo dos dias, vá diminuindo a frequência com que você oferece prêmios comestíveis e recompensas físicas, mas nunca deixe de fazer elogios verbais. O cão logo aprenderá a obedecer somente em troca de elogios.

Adestramento ao ar livre

Quando você tiver certeza de que o cão obedece as ordens dadas em casa, vá para um local tranquilo ao ar livre e repita as sessões de adestramento. Esteja sempre em posição de controle para poder reforçar os comandos.

Recompensas primárias

Use uma seleção de petiscos saborosos, premiando os melhores desempenhos com os mais gostosos. Se o cão for comilão, é melhor oferecer brinquedos em lugar de petiscos.

Não deixe os exercícios

O adestramento não substitui os exercícios físicos. O cão precisa das atividades que seu temperamento, raça e idade requerem.

Reforçando os comandos

Só dê ordens quando você tiver certeza de que está no controle da situação. Essa cadela distraiu-se e ignorou os petiscos e comandos verbais, mas, como está presa à guia, sua dona sabe que pode voltar a obter sua atenção e reforçar a obediência.

Termine com diversão

Sempre termine a sessão de adestramento fazendo algo que o cão gosta ou que é capaz de fazer. Brinque com ele, mas não reserve o melhor prêmio para o final. Senão, ele vai querer terminar a sessão rapidamente para receber a recompensa final.

Expectativas Realistas

Cães são maravilhosos. Eles têm audição e, principalmente, olfato muito melhores do que os nossos. Sua força e resistência ajudam os homens nas regiões mais inóspitas do planeta. Um cão está sempre pronto e disposto a aprender. Entretanto, existe um problema em nosso relacionamento com eles: temos dificuldade em entender que um cão pensa como um cão e não como um ser humano.

Aspectos a considerar

Antes de ter um cão

A família inteira precisa estar de acordo sobre o tipo de cão que deseja e o trabalho que está disposta a suportar. Antes de comprar qualquer cão, procure uma clínica veterinária para obter informações sobre as diferentes raças e sobre escolas de adestramento. Pergunte quais são as características, as necessidades específicas e os problemas de saúde típicos da raça que você tem em mente, e converse sobre o tipo de trabalho que o animal dará em sua casa.

Cães adotados

Cães retirados de centros de recolhimento e salvamento costumam ser ótimos animais de estimação. A causa mais comum de terem sido abandonados geralmente tem a ver com os humanos e não com o animal. Entretanto, procure descobrir o máximo possível sobre o passado e as necessidades específicas do cão antes de tomar a decisão de adotá-lo.

Cão não é ser humano

O maior erro cometido pelos donos dos cães é esperar que seu amigo canino pense com a lógica dos humanos. Um cão pode parecer quase humano por sua capacidade de entender pensamentos e emoções, mas o relacionamento que ele terá com outros animais é completamente diferente do nosso relacionamento com outras pessoas. Você pode tratar seu cachorro como um membro muito importante da matilha, mas nunca lhe dê permissão para ser o líder do grupo. As instruções simples do quadro da página seguinte ajudarão a estabelecer um relacionamento realista com seu cão.

Quem fará o adestramento?

Uma determinada pessoa da família deverá ficar encarregada do adestramento, mas todos os membros deverão cooperar de uma maneira ou outra para não confundir o cão e para manter a constância das sessões de treinamento. Seria interessante você se filiar a um clube de adestramento, onde o cão será socializado sob controle e supervisão de profissionais e onde será possível obter conselhos úteis para lidar com ele.

Cães precisam ser cães

É absolutamente essencial que o cão entre em contato com outros cães e possa socializar-se com eles de maneira regular. Poucos animais gostam de ficar sempre presos em casa, sem oportunidade de contato com outros membros da sua espécie.

Seguro-saúde veterinário

Considere a hipótese de adquirir um seguro-saúde veterinário porque as contas de cirurgias e tratamento prolongado de doenças podem ser astronômicas. Você tem de estar consciente de que poderá vir a enfrentar situações desse tipo antes de se comprometer a ser dono de um cão.

Informações adicionais

Comprando um cachorro

Não compre um cão para outra pessoa. Não compre um cão porque está com pena dele. Não compre um cão por impulso. Primeiro, pense com calma, refletindo de maneira racional e procurando obter o máximo de informações sobre o animal que pretende adquirir. Jamais compre um cão só porque você se encantou com seu aspecto. Todos os filhotes são adoráveis, mas todos os filhotes crescem. Se você não está realmente disposto a assumir o compromisso de ser proprietário de um cachorro, não o faça. Um cão é o companheiro de uma vida e jamais deve ser visto como um substituto para um filho ou qualquer outra companhia humana.

SIM	NÃO
Seja realista em suas expectativas.	Trate seu cão como se fosse um substituto para um filho.
Trate seu cão como alguém que sabe que deve obedecer.	Seja democrático no seu relacionamento com o cão.
Dê ordens curtas e claras.	Implore ou use frases com: “Se você fizer isso de novo...” .
Seja coerente.	Ignore qualquer desobediência ocasional às regras caseiras.
Dê um comando por vez e recompense a obediência.	Dê um comando que você não poderá reforçar.
Faça o papel de líder. É você que inicia a atividade.	Atenda as exigências do seu cachorro.
Só chame o cão pelo nome quando for lhe dar uma ordem.	Use o nome do cão sem interagir com ele.
Você é o dono dos brinquedos. Guarde-os no fim da sessão.	Deixe seu cão pensar que ele é o dono dos brinquedos.
Tome de volta tudo o que o cão roubar, seja comida ou meias.	Pegue a mania de dizer: “Como ele é engraçadinho!”
Chame o cão para ficar perto de você e demonstre seu afeto.	Vá para perto do seu cão para receber afeto.
Ignore quando ele exige ser afagado ou ir para o colo.	Deixe o cão mostrar-se submisso para obter o que deseja.
Alimente sua família antes de alimentar seu cão.	Dê alimentos da mesa nem permita que ele coma os restos.
Imponha regras rígidas sobre sua cama e mobiliário da casa.	Aceite que, às vezes, o cão esqueça as regras da casa.
Seja sempre o primeiro a passar por portas e escadas.	Deixe o cão guiar você.
O cão deve esperar você abrir a porta, inclusive a do carro.	Deixe o cão se enfiar por uma porta assim que ela for aberta.
Ensine o cão a ter cuidado ao tirar um objeto de suas mãos.	Deixe o cão arrancar comida ou objetos de suas mãos.
Ensine seu cão a urinar e defecar em resposta a uma ordem.	Deixe o cão farejar interminavelmente e “batizar” cada planta.
Ensine seu cão a andar calmamente ao seu lado.	Permita que seu cão o arraste para onde ele quer ir.
Lembre-se: um cão pensa como um cão.	Pressione o cão com suas necessidades emocionais.

12345

Adestrando Filhotes

Os cães estão sempre aprendendo, mas aprendem melhor quando são filhotes. Essa é uma fase vital para influenciar o futuro comportamento do cão. Sem sua intervenção, o cão aprenderá alguma coisa, mas não tudo o que você gostaria que ele aprendesse. Comece o adestramento no mesmo dia em que ele chegar à sua casa. Dê-lhe uma coleira confortável, um lugar especial para dormir, um lugar para brincar e brinquedos adequados. Esses brinquedos pertencem a você, o líder da matilha, e não devem ficar jogados por aí. A mente do filhote está mais aberta a novas experiências até as doze semanas de idade. Esse é o período ideal para apresentá-lo a novidades – crianças, gatos, outros cães, corredores, ciclistas, carrinhos de bebê e transportes públicos – porque assim ele irá encará-los com naturalidade no futuro. Faça um esforço para seu cão aprender o máximo possível enquanto for novinho para que vocês dois tenham a vida que você planejou quando o adquiriu.

Primeiras Aulas em Casa

Comece a adestrar o cão assim que ele entrar em sua casa. Ensine regras ao filhote antes que ele crie as suas próprias. Toda a família deve ter contato com o cãozinho enquanto ele aprende a usar coleira, comer apenas da sua tigela, dormir em sua própria cama, atender quando chamado e esperar quando mandado. Todavia, só uma pessoa da família deve ser responsável pelo adestramento.

A guia usada em casa garante o controle.

Aprendendo a esperar
O cãozinho tem de aprender que as pessoas comem antes dos cachorros, uma indicação de que elas são os membros mais importantes da casa, ou da matilha.

Aprendendo respeito
O cachorrinho precisa aprender a obedecer a família com a qual veio morar, por isso todas as pessoas da família devem lidar com ele.

Pessoas em primeiro lugar
Uma tendência natural do cão é correr para ser o primeiro a passar por uma porta aberta. Ensinar o filhote a esperar, deixando você passar antes dele, é um modo de fortalecer a sua autoridade.

Informações adicionais

A cama é um refúgio

Cães são curiosos e sociáveis, por isso não isole seu novo amiguinho do resto da famíia. Monte uma cama para ele que servirá como seu espaço particular e coloque-a num lugar movimentado da casa, como em um canto da cozinha.

Curiosidade de mastigar

Os filhotes investigam seu ambiente por meio do sabor. Eles costumam morder ao brincar, por isso você deve disciplinar o cãozinho dizendo um "Não" firme quando ele mordiscar alguém. Nunca o repreenda batendo nele.

Aerossóis amargos

Nas clínicas veterinárias e pet shops são encontrados aerossóis não tóxicos de sabor amargo. Use-os para marcar lugares proibidos de serem mordidos, inclusive suas próprias mãos.

CHAVES DE ADESTRAMENTO

Incentivo positivo

Se você usar petiscos em lugar de castigos, será muito mais fácil ensinar ao filhotinho as atividades que não são permitidas dentro de casa.

Um lugar só dele

Treine o cãozinho para se acostumar a passar algum tempo sozinho em uma gaiola junto com seus brinquedos *(ver pág. 44)*. Comece prendendo-o por curtos períodos de tempo.

Equipamento Básico

Escolha acessórios adequados ao tamanho e temperamento do seu cãozinho e alargue ou troque as coleiras com frequência enquanto ele estiver crescendo. Você precisará de uma guia curta e duas compridas, uma para o adestramento ao ar livre e outra, mais leve, para usar em casa. Peitorais, enforcadores para conter a cabeça e focinheiras são úteis para certos tipos de cães *(ver pág. 69)*.

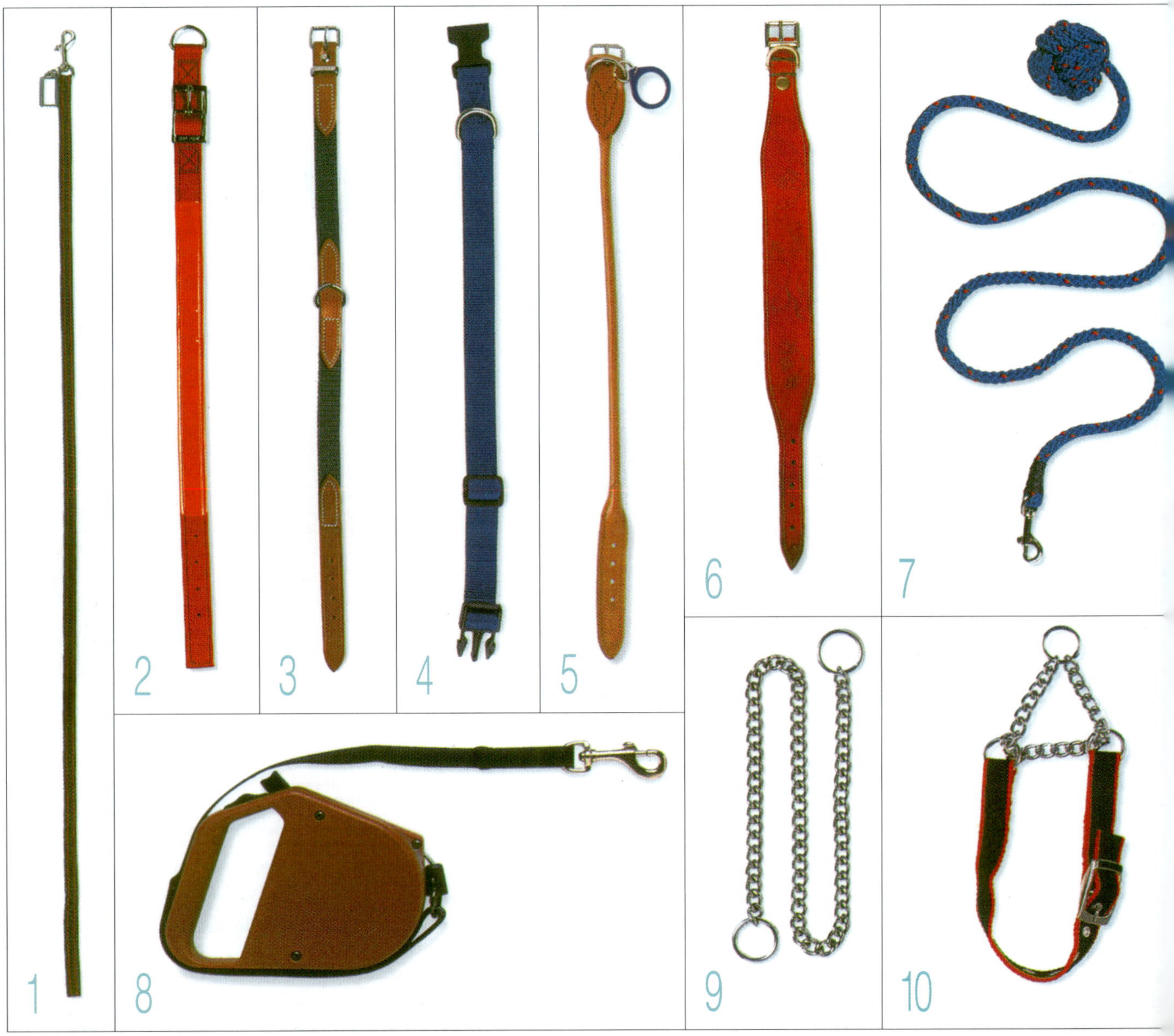

Coleiras, guias e focinheiras

Você terá de manter controle constante sobre o cão, especialmente durante o adestramento. Além da guia padrão, use uma comprida para o adestramento ao ar livre e outra, bem comprida e com trava, para o controle dentro de casa.

1. Guia de couro

2. Coleira reflexiva com fivela

3. Coleira de couro e náilon com fivela

4. Coleira chata, de abertura rápida

5. Coleira tubular de couro

6. Coleira larga na base do pescoço

7. Guia com bola na extremidade

8. Guia extensível

9. Coleira de contenção ou enforcador

10. Meio enforcador

11. Guia de 2 m feita de algodão

12. Guia de náilon para uso doméstico

13. Guia comprida de náilon

14. Coleira de contenção com faixa fixa para o focinho

15. Coleira de contenção com faixa ajustável para o focinho

16. Focinheira de tecido

17. Focinheira tipo cesta

18. Peitoral de tecido

19. Cinto de segurança para veículos

11

12

13

14

15

6

7

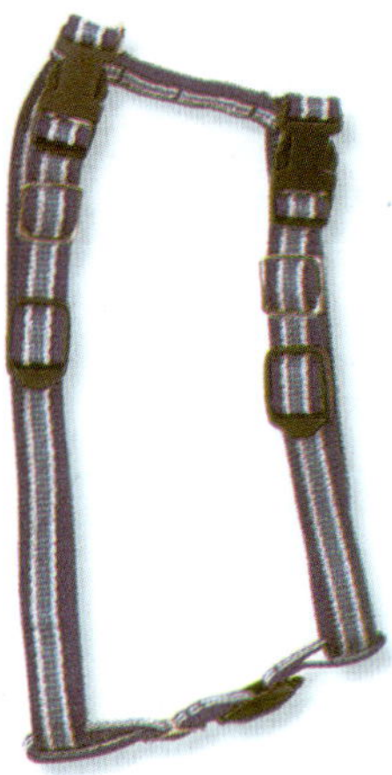

18

19

Equipamento adicional

Almofadas recheadas com isopor dão ótimas camas. Gaiolas forradas com jornal ajudam no treinamento do controle das necessidades fisiológicas. As gaiolas só devem ser usadas para brincar sozinho e dormir. Uma pistola de água é ideal para impedir um mau comportamento grave. Existem outros acessórios para os diferentes tipos de cães *(ver pág. 120)*.

Acessórios para toalete

Procure o equipamento adequado para o seu cão. Pelo que cresce muito rápido, por exemplo, tem de ser aparado e cortado, enquanto o pelo espesso muitas vezes precisa ser desbastado. É melhor acostumar o cachorro desde pequeno ao barulho de tesouras e tosadores elétricos. As unhas, especialmente dos animais pequenos, leves e idosos, precisam de atenção constante. Se não houver algum tipo de doença, os dentes e ouvidos dos filhotes são naturalmente limpos. Entretanto, com o passar dos anos, eles precisarão de uma limpeza regular. Ensine o cão desde cedo a permitir que você cuide dessas partes do seu corpo.

1

2

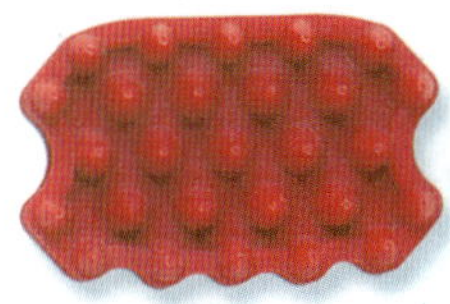

7

6

3

4

5

8

9

10

1 Pistola de água
2 Argolas de adestramento
3 Clicker (produz estalos)
4 Brinquedo pequeno com barulho
5 Apito para cão
6 Chocalho
7 Escova de borracha
8 Aerossol amargo
9 Gaiola
10 Cama recheada de bolinhas de isopor
11 Tesoura de desbastar
12 Pente de desbastar
13 Escova raspadora
14 Tosador elétrico
15 Pente de dentes largos
16 Pente comum
17 Escova de borracha
18 Escova de dentes
19 Removedor de tártaro dos dentes
20 Escova de material sintético
21 Cortador de unhas
22 Camurça
23 Pasta de dente canina
24 Pente fino (para eliminar pulgas)

A Higiene Diária

A limpeza diária do cão não visa apenas ao asseio e à saúde, mas serve também para reforçar sua autoridade sobre ele. Pegar o cachorro no colo, segurar sua cabeça, abrir sua boca são gestos de dominação e ajudam a mostrar que você é quem tem o controle. De início, use petiscos e distrações durante a sessão de higiene, mas aos poucos vá substituindo por carícias e elogios verbais.

Preparo para a higiene

O cão deve estar com a guia para garantir o controle

Posicione a mão sob o corpo do cão, com a palma virada para baixo

Pegando o cão no colo

Pegue o cão colocando um braço em torno do peito e patas dianteiras e a outra sob o traseiro, segurando as patas traseiras. Posicione-o sobre a mesa. Para prevenir queda ou escorregão, coloque um tapete de borracha sobre a mesa.

Mantendo o cão parado

Para o cão ficar parado em pé, coloque a mão esquerda sob o seu corpo, com a palma virada para baixo, e o polegar da mão direita embaixo da coleira. Isso fará o animal ficar imóvel e mostrará que você está no controle da situação.

Cuidados especiais

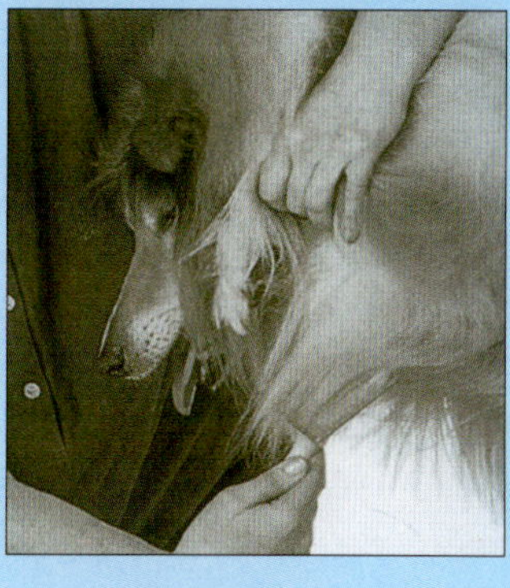

Pelo longo

Cachorros de pelo longo e espesso podem criar pelotas emaranhadas na parte inferior das patas. Tome cuidado ao pentear essas áreas porque a pele nesse lugar costuma ser mais sensível do que em qualquer outra região do corpo.

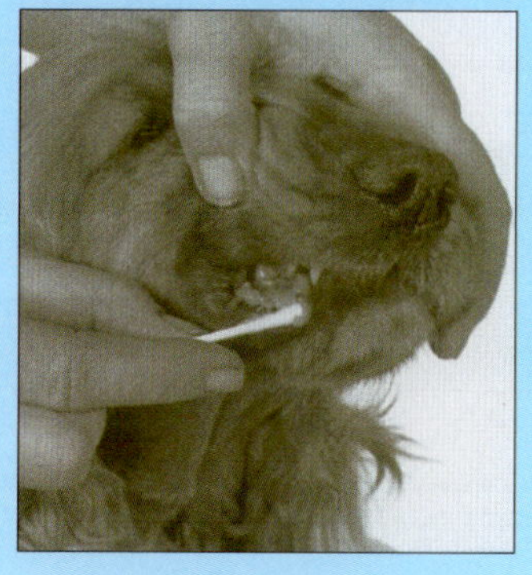

Lábios e gengivas

Algumas raças precisam de limpeza das dobras dos lábios e estes devem ser examinados regularmente. Use cotonetes molhados com água para remover qualquer tipo de sujeira.

Escovação suave

Use a escova fazendo movimentos firmes e compridos ao longo do corpo do cão. Escove toda a pelagem, inclusive rabo e pernas, evitando as áreas sensíveis.

Virando o cachorro

Para virar o cachorro, junte os dedos da mão esquerda e coloque-a sobre os músculos da pata traseira. A palma estendida evitará qualquer possibilidade de machucá-lo.

Cuidados especiais

Orelhas peludas

Use um cotonete úmido para limpar o interior das orelhas, mas tome cuidado para não enfiá-lo no canal auditivo. Se houver excesso de pelos, retire-os com os dedos ou com uma pinça.

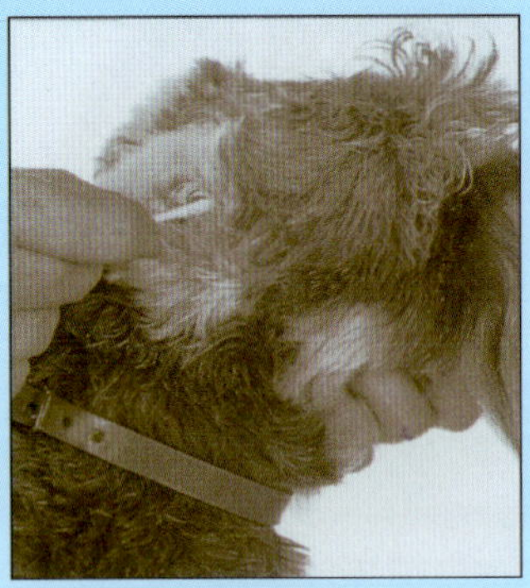

Cuidados com as patas

Evite ao máximo o risco de sujeira presa aos dedos, limpando-os sempre e cortando os pelos. Faça a limpeza toda vez que chegar de um passeio.

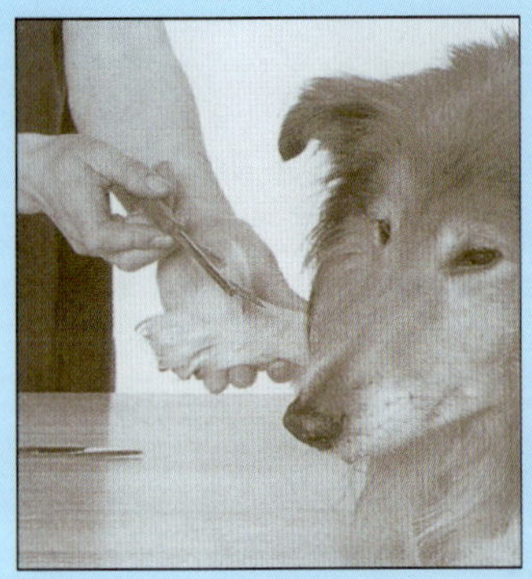

Higiene

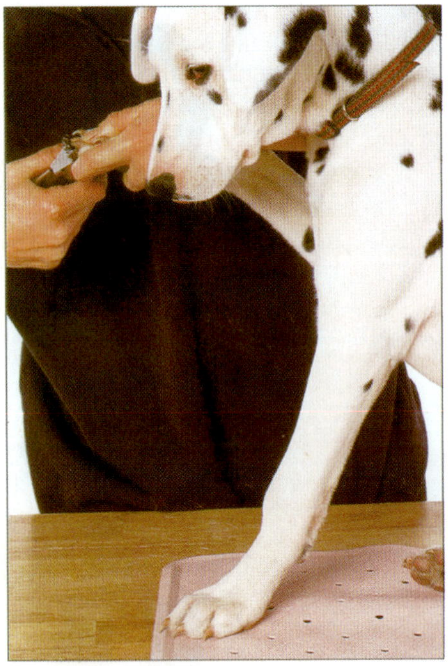

1 **Cortando as unhas**

Apare as unhas depois do banho, quando elas ficam mais moles. Tome cuidado para não cortar o tecido vivo (a área rosada no interior da unha).

2 **Limpando os olhos**

Muitos cães juntam muco nos cantos dos olhos. Segure a cabeça firmemente e limpe os olhos usando um algodão limpo e umedecido para cada olho.

3 **Examinando a boca**

Acostume o c.ão a permitir que você mexa na sua boca, dando-lhe petiscos como prêmio. É preciso examinar os dentes e gengivas do animal uma vez por semana.

Brinquedos e Mordedores

Os filhotes mordem tudo o que veem pela frente para aprender sobre o ambiente em que vivem, mas essa atividade pode sair bem cara para o seu dono. Ensinando o cãozinho a morder somente seus próprios brinquedos, você o impedirá de danificar outros objetos. Escolha brinquedos seguros e limite seu uso para impedir que o cão fique muito possessivo em relação a eles.

Tipos de brinquedo

Os melhores brinquedos são os que têm cheiros peculiares e formatos diferentes dos objetos encontrados em casa.

1 Osso que ajuda a limpar os dentes
2 Osso de borracha
3 Mordedor de couro
4 Ratinho com barulho
5 Brinquedo que remove o tártaro
6 Osso verdadeiro (oco e esterilizado)
7 Mordedores tubulares coloridos
8 Bola com barulho
9 Osso de plástico
10 Osso de plástico macio
11 Brinquedo de puxar de borracha
12 Bola de couro
13 Anel de borracha
14 Mordedor oco (pode ser recheado)
15 Osso verdadeiro (cozido)
16 Bola com corda
17 Puxador com bolinhas de tênis
18 Frisbee ®
19 Corda desfiada (serve como fio dental)
20 Puxador
21 Bola com corda
22 Puxador de corda
23 Bola com fio elástico

6

17

18

9

21

22

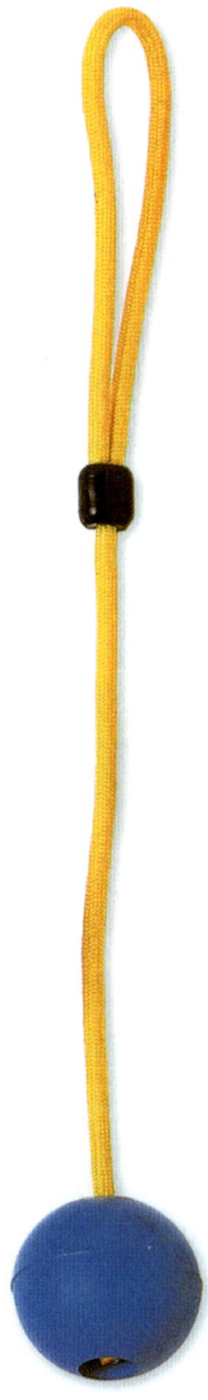
23

Novas Experiências

Proporcione ao filhote o máximo de novas experiências. Se você tem jardim em casa, comece o adestramento o mais rápido possível. Com a aprovação do veterinário, leve o cãozinho para passear em lugares públicos de modo a habituá-lo aos ruídos de trânsito, pessoas diferentes e a andar de carro. O importante é acostumar o filhote a obedecê-lo em diferentes circunstâncias e ambientes.

Os filhotes aprendem a se socializar com outros cachorros

Brincando com os outros cães
Certos centros de adestramento têm aulas semanais de socialização para filhotes *(ver pág. 170)* onde eles aprendem a conhecer a linguagem corporal canina e usá-la na comunicação com seus semelhantes.

Encontros ao ar livre
Promova reuniões de amigos em sua casa para o filhote conhecer outras pessoas e também combine encontros ao ar livre. Isso irá prepará-lo para futuros contatos com pessoas que tentarão acariciá-lo.

Peça aos seus amigos para se agacharem quando forem cumprimentar seu cãozinho para não intimidá-lo. Dê-lhes petiscos para oferecerem ao filhote e assim ele aprenderá a receber de bom grado a aproximação de outras pessoas.

Informações adicionais

Primeira vez ao ar livre

O filhote deve experimentar os cheiros, visões e sons da vida cotidiana o mais cedo possível. Fora de casa, carregue-o sempre no colo, não permitindo que ponha as patas no chão enquanto não estiver vacinado.

Estranhos assustadores

Uma pessoa com aspecto diferente, usando barba ou chapéu, pode causar medo no cãozinho. Faça reuniões em casa com amigos e recompense o filhote quando ele demonstrar curiosidade sem perder a calma.

Recompense a calma

Depois de um passeio, premie o filhote com petiscos e elogios verbais se ele não tiver demonstrado agitação. Comece com trajetos curtos e vá aumentando a distância. Nunca deixe de recompensá-lo por ter se mantido tranquilo.

Uma abordagem positiva

Ensine as crianças a se aproximarem do cão com uma atitude tranquila e acariciá-lo nas laterais do corpo. Não deixe de recompensar o animal com elogios ou petiscos quando ele se comportar calmamente.

Conhecendo o carro

O interior de um carro pode ser um lugar muito assustador, principalmente se na sua primeira viagem o filhote sentiu enjoo ou tontura. Antes do primeiro passeio, incentive o cãozinho a entrar no automóvel parado em troca de petiscos. Depois que ele demonstrar que se sente feliz dentro do carro, acostume-o ao som do motor. Ensine-o a considerar o automóvel como seu segundo lar.

Uso da Gaiola

A gaiola pode parecer uma prisão para você, mas para o cão bem adestrado ela é um paraíso seguro, só dele. A gaiola deve ser associada a momentos agradáveis e jamais ser usada como castigo. O seu uso incentiva o filhote a controlar suas necessidades fisiológicas, reduz o comportamento potencialmente destrutivo e facilita a sua vida quando você quer viajar com ele.

1 Antes de começar o adestramento, coloque um forro macio, uma tigela com água e um brinquedo interessante dentro da gaiola. Usando um petisco saboroso e o comando "Gaiola", incentive o cãozinho a conhecer sua nova casa. Deixe a porta aberta para ele poder sair na hora que quiser.

2 Quando o filhote já estiver acostumado com a gaiola ele continuará a usá-la sem necessidade de incentivo. No momento em que você perceber que o cãozinho está brincando, satisfeito, feche a porta por alguns minutos. Mantenha a gaiola em um local movimentado da casa, na cozinha, por exemplo.

Benefícios adicionais

Transporte pessoal

Os problemas típicos de viagens serão bem menores se você for dono de um cão que foi adestrado desde filhote a ficar confinado em sua própria gaiola. Dentro dela, o animal sente-se seguro no interior de veículos.

Gaiola não é castigo

Nunca ordene a um cão entrar na gaiola porque se comportou mal, como se castiga uma criança mandando-a ficar em seu quarto. A atitude do cachorro em relação à gaiola tem de ser sempre positiva.

Tamanho da gaiola

A gaiola não deve ser grande demais, apenas o suficiente para o cãozinho ficar em pé e poder se movimentar. Ali não é lugar para suas necessidades fisiológicas. Para isso, eles devem ter um lugar reservado.

3 Depois de ter se acostumado com a gaiola, o filhote sente-se à vontade em um chiqueirinho. Alguns cães, especialmente os adotados em centros de recolhimento, não toleram ficar presos, mas isso raramente acontece com filhotes. Com o passar do tempo, eles se habituam até a dormir na segurança de sua gaiola. Entretanto, mesmo cães totalmente adestrados não deverão ser deixados em gaiolas ou chiqueirinhos por mais de duas horas ao dia. Além disso, antes de ficarem confinados precisam ser levados para fazerem suas necessidades. Um chiqueirinho pode ser usado por vários filhotes.

Necessidades Fisiológicas

Se você possui um cão adulto que jamais aprendeu a fazer suas necessidades no lugar certo, adestre-o como se fosse um filhote. Jamais o castigue por sujar dentro de casa, porque isso vai deixá-lo nervoso e com medo de você. Em vez disso, preveja a necessidade. Depois de o cão acordar, comer ou brincar, leve-e ao local escolhido para ele urinar ou defecar, e sempre limpe o lugar depois de usado.

Controle das necessidades fisiológicas

1 Sempre que possível, ensine o cãozinho a fazer xixi e cocô em uma área externa da casa. Mas, se não tiver outra opção, use folhas de jornal e lance mão do adestramento para gaiola *(página ao lado)*, para o filhote só se aliviar depois que o jornal tiver sido colocado ao seu lado.

Solucionando problemas

Reflexo automático

Mantenha o filhote na gaiola até a hora de você levá-lo para se aliviar. Enquanto ele estiver fazendo xixi ou cocô diga "Depressa" e, depois, faça elogios. Logo seu cão aprenderá a se aliviar quando você der a ordem "Depressa".

Castigos inúteis

Mantenha o autocontrole enquanto você estiver ensinando um filhote a não urinar ou defecar dentro de casa. Repreendê-lo é inútil, a não ser que você o flagre se aliviando em um lugar proibido. Se isso acontecer, diga um "Não" severo e leve-o para o lugar que você determinou. Evite problemas dentro de casa mantendo o máximo de atenção no animal. Se não for possíel haver uma supervisão constante, é melhor manter o cãozinho dentro da gaiola.

2 Os cães evitam sujar os locais que consideram particulares. Confine o filhote à gaiola com um brinquedo quando você estiver ocupado. Todavia, fique atento e controle o tempo de confinamento, levando-o ao lugar determinado para ele se aliviar quando você perceber que isso é necessário.

3 O filhote sente necessidade de urinar ou defecar depois de dormir e brincar, e principalmente depois de comer ou ficar preso na gaiola. Como regra geral, lembre-se de que um cãozinho de três meses precisa se aliviar a cada três horas.

Informações adicionais

Comportamento responsável

As fezes caninas não são apenas um perigo para as pessoas e outros animais, mas também enfeiam e sujam o ambiente. Garanta um bom relacionamento com a comunidade recolhendo os dejetos dos seus animais. Sempre que for a um lugar público, leve uma pazinha para recolher as fezes ou uma simples sacola de plástico. Se possível, dê preferência a sacolas de material biodegradável.

Antecipação

O cão que de repente abaixa o focinho e começa a farejar tudo à sua volta geralmente está sinalizando que está com vontade de se aliviar. Existem no comércio aerossóis que induzem o filhote a usar uma área predeterminada.

Elogios imediatos

Quando você estiver levando o cãozinho para fora, prenda sua atenção mostrando-lhe um dos seus brinquedos para evitar surpresas no caminho. Diga "Depressa" enquanto ele estiver defecando e depois elogie o bom comportamento.

Aclimatação

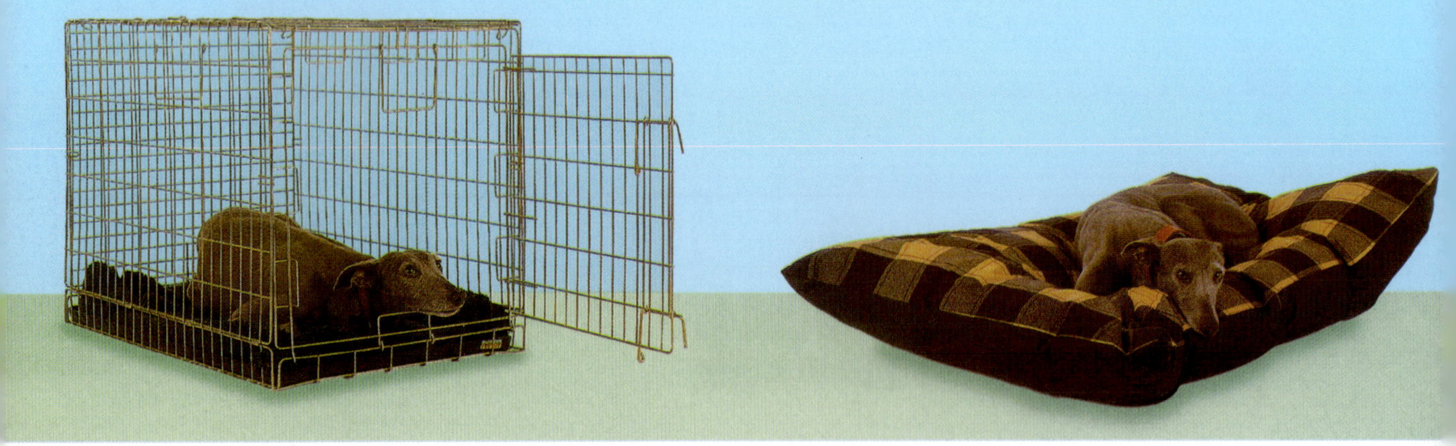

Restringindo a locomoção

O adestramento para não fazer a casa de banheiro é mais fácil e rápido quando o cãozinho fica restrito a uma parte da casa. Portinholas e gaiolas são ideais para restringir sua locomoção. À medida que o treinamento for progredindo, portinhas e gaiolas podem ser levadas para outros cômodos.

Caminha especial

O cão considera sua cama como um lugar seguro e só seu. Nunca mande o animal para a cama como uma forma de castigo. Sair da cama pode ser um sinal de que ele está precisando se aliviar. Se você tiver de mandar o cão para um hotel, leve sua cama. Ela lhe dá sensação de segurança.

Vindo Para Você

Comece esse exercício quando o filhote estiver alerta e com fome. Divida a sua refeição diária em dez partes iguais e, ao longo do dia, incentive-o a se aproximar da tigela chamando seu nome e em seguida dando a ordem "Vem". Nunca chame o cãozinho para fazer algo desagradável, como lhe dar um remédio, porque ele irá associar sua aproximação com uma má experiência.

1 Em um lugar tranquilo onde não haja possibilidade de distrações, fique em pé diante do cãozinho, mantendo certa distância. O local ideal seria um corredor da casa. Com um petisco bem visível na mão, fale o nome do filhote e, quando ele começar a avançar, dê a ordem "Vem".

Solucionando problemas

O cão cansado

Os cães, em especial os filhotes, têm períodos de atenção curtos e o adestramento é mentalmente exaustivo para eles. A sessão de treinamento não pode ultrapassar 15 minutos e nunca deve ser feita quando ele estiver cansado. Planeje as sessões para começar antes de qualquer exercício ativo, de maneira que ele esteja física e mentalmente preparado para o adestramento. Varie os locais das sessões para manter o interesse do cãozinho.

O cão distraído

Se o cão não reage a um prêmio de comida, mude sua rotina dando-lhe menos refeições (mas em maiores quantidades). Se ainda assim ele não mostrar interesse, use um dos seus brinquedos prediletos para recompensá-lo.

O cão teimoso

Se o filhote for teimoso, nunca deixe de usar uma guia quando for adestrá-lo. Isso é uma garantia de que você poderá atrair sua atenção e lembrá-lo de que ele tem a obrigação de ouvir e obedecer.

Dobre os joelhos para aproximar o prêmio do cão

"Rex bonzinho, vem"

2 Quando o filhote começar a se aproximar de você, elogie-o falando "Rex bonzinho, vem" num tom alegre e entusiasmado. Incentive-o a vir diretamente para você dobrando os joelhos e abrindo os braços.

3 Quando o cão estiver perto, ajoelhe-se para ficar mais próximo da sua altura. Elogie-o de novo com palavras, carícias e dê-lhe o petisco. Para manter o interesse do cão, varie os locais de adestramento.

Ao Ar Livre

Depois que o filhote aprender a vir em sua direção dentro de casa, repita as instruções com coleira e guia antes de levá-lo para sessões ao ar livre, onde haverá mais distrações. A segurança do cão depende de você, portanto, nunca solte a guia antes de ter plena certeza de que ele aprendeu a vir em sua direção assim que receber a ordem. Nunca o chame usando as mesmas palavras para castigá-lo.

1 Faça um nó bem grande na extremidade livre da guia comprida e mantenha o clipe preso na coleira. Fique no lado esquerdo do cão, segurando a guia perto dele e ponha o pé esquerdo em cima da ponta livre o mais perto possível do nó. Dê a ordem "Senta".

2 Vá soltando a guia aos poucos, liberando o cão. Preste atenção para soltar na mesma velocidade do movimento do cão para ele não ser puxado antes do final da guia. Cuidado para a guia não enrolar nas patas.

Informações adicionais

Elogios quando ele vem

Sempre elogie o cão quando ele voltar para você, não importa o tempo que levar. Lembre-se que o elogio deve sempre se referir à última coisa que ele fez, ou seja, vir para você.

A guia no bolso

Não faça sinais com a guia quando estiver chamando o cãozinho, porque ele poderá entender que a brincadeira terminou. Habitue-se a apenas tocar a coleira quando ele chegar perto. Não puxe o cão para tirá-lo do lugar.

Um final divertido

Chame seu cão para vir para perto de você várias vezes durante um passeio, sempre recompensando a obediência. Um bom prêmio é brincar de puxar um brinquedo com ele. Depois do exercício, solte-o para brincar à vontade.

CHAVE DE ADESTRAMENTO

Vindo Para Você 50

Senta e Deita 54

Segure firmemente a guia com o pé

O cão é recebido de braços abertos

3 Quando o final da guia estiver próximo, fale o nome do cão em um tom claro e cordial. Talvez você tenha de avançar um pouco para contrabalançar a tensão criada pela força do cachorro. Você controla a situação enquanto seu pé estiver prendendo firmemente a guia.

4 Quando o cão ouvir seu nome e o comando "Vem", ele deverá fazer a volta e começar a vir para você. Enquanto estiver se aproximando, diga "Rex bonzinho" em tom alegre. Quando o cão chegar perto de você, ajoelhe-se com os braços abertos numa posição acolhedora.

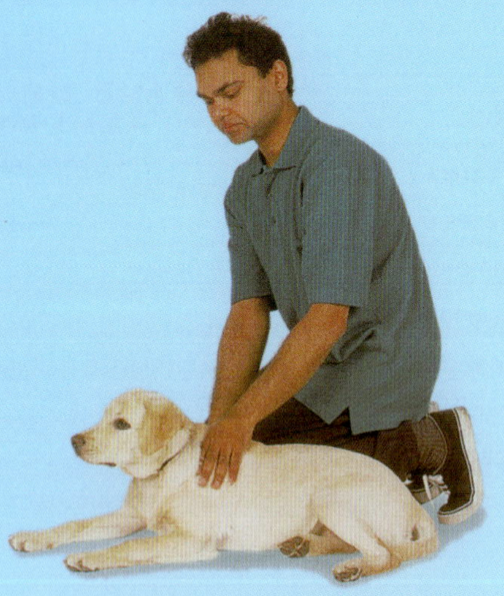

Senta e Deita

Depois que o filhote aprender a atender a ordem de vir em sua direção *(ver pág. 50)*, comece a ensiná-lo a sentar e deitar. Para manter o controle da situação você deve adestrá-lo usando a guia. Se o aprendizado desses exercícios for bem-sucedido, seu cãozinho será capaz de atender, pela primeira vez, uma sequência de comandos.

O comando "Senta"

O dono segura o petisco na frente do corpo

1 Na frente do cãozinho, afaste-se segurando a guia com a mão esquerda e um petisco com a direita. Mantendo-se calmo para não excitá-lo, diga-lhe "Vem" enquanto mostra o petisco.

2 Quando o cão estiver bem perto, levante devagar o petisco acima de sua cabeça. Ele terá de sentar para manter os olhos na comida. Dê a ordem "Senta" quando ele começar a dobrar as patas traseiras.

3 Reforce a ordem "Senta" na sua frente e depois ao seu lado. Recompense cada resposta com elogios e petiscos. Aos poucos, vá diminuindo os petiscos até os elogios serem suficientes.

Solucionando problemas

Recusando-se a sentar

Se o cão se recusa a sentar mesmo diante do petisco, segure a coleira com uma mão e empurre o traseiro com a outra, dando o comando "Senta". Quando sentar, elogie.

Recusando-se a deitar

Ajoelhe-se com o cãozinho sentado ao seu lado. Ponha as palmas das mãos sob as patas dianteiras, sem apertar, e levante-o até a posição de pedir. Depois, abaixe-o até ele deitar. Elogie.

CHAVE DE ADESTRAMENTO

O comando "Deita"

A guia deve ficar bem presa sob os joelhos

Segure o petisco com firmeza para não ser arrancado das mãos

1 Com o filhote sentado, ajoelhe-se à sua direita e segure a coleira com a mão esquerda. Segurando um petisco na mão direita, aproxime a mão do focinho antes de movimentá-lo para baixo.

2 Movimente o petisco para a frente e para baixo enquanto ele acompanhar com o focinho. No instante em que ele começar a deitar, dê a ordem "Deita", mas ainda não recompense.

3 Puxe o petisco para a frente fazendo o filhote deitar. Recompense-o com elogios e com o petisco. Repita o exercício com frequência, até o cãozinho atender somente a ordem verbal.

Andando Sem a Guia

Atividades ao ar livre em companhia de um cachorro obediente, que sabe andar ao seu lado, são muito divertidas. Em geral, é fácil ensinar um filhote a andar sem a guia porque ele adora estar perto do dono e quase sempre se mostra disposto a segui-lo. Como os filhotes têm um ótimo faro para comida é bom ter sempre petiscos à mão durante o adestramento para as recompensas.

"Junto"

"Junto"

"Siga"

O filhote segue o petisco atentamente

1 Caminhando em linha reta, com o cãozinho farejando o petisco que você tem na mão direita, dê o comando "Junto". Mantenha a mão esquerda abaixada, pronta para segurar a coleira.

2 Dobrando os joelhos e segurando o petisco perto do focinho, mostre uma volta para a direita com a mão, repetindo a ordem "Junto". O cão terá de apressar o passo para acompanhar o seu movimento.

3 Para virar à esquerda, segure a coleira com a mão esquerda para guiar o filhote e dê a ordem "Siga". Segure o petisco bem baixo e comece a virar para a esquerda. O cão deverá segui-lo.

Solucionando problemas

Falta de interesse

Se o cão não estiver interessado em determinado petisco, tente outro ou use um brinquedo. As sessões de adestramento devem ser curtas, apenas alguns minutos por vez, e sempre terminar cor uma brincadeira agradável.

Usando brinquedos

Se o cão não se interessar por petiscos, tente atrair sua atenção com um dos seus brinquedos preferidos.

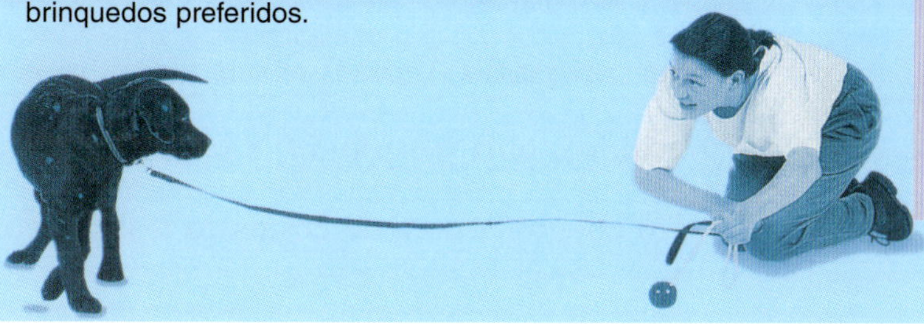

O uso de uma guia comprida ajudará a garantir a obediência do cão às suas ordens.

CHAVE DE ADESTRAMENTO

"Espera"

4 Se por um motivo qualquer o filhote desviar a atenção, coloque a mão esquerda sob a coleira, puxe-o delicadamente até a posição certa de "Junto" e continue o exercício.

5 Dê a ordem "Espera" e ajoelhe-se à direita do cão. Segure o petisco bem baixo para evitar saltos. Coloque a mão esquerda sob o corpo do cão, com a palma para baixo, para impedir que ele ande.

Andando Com a Guia

Você é o responsável pela segurança e bem-estar do seu cão. Um cachorro nunca deve ter permissão para correr à vontade a não ser que esteja em um lugar protegido, longe do perigo, sob a sua supervisão. Agora que seu cãozinho já aprendeu sentar e deitar usando a guia *(ver pág. 54)* e andar ao seu lado sem a guia *(ver pág. 56)* chegou a hora de ensiná-lo a andar com a guia sem puxá-la.

1 O treinamento para esse exercício deve começar dentro de casa. Deixe o cãozinho olhar e cheirar a guia. Em seguida, prenda-a na coleira, que deve estar bem ajustada e confortável *(ver pág. 32)*.

2 Mantendo o cão à esquerda, segure a extremidade da guia e um petisco na mão direita. A mão esquerda segura levemente a guia, pronta para deslizar até a coleira. Dê o comando "Senta".

3 Comece a andar com o pé esquerdo. Se o cão acompanhar seu movimento, comande "Junto". Se ele se atirar para a frente, deslize a mão esquerda até a coleira e puxe-o para trás com delicadeza.

Solucionando problemas

Subindo pela guia

Se o cão tentar saltar ou subir pela guia, diga severamente "Não". Afaste-se dele, dê-lhe a ordem "Senta" e recomece. De início, treine dentro de casa, onde não há distrações, e aos poucos vá para locais mais movimentados.

Não perca a calma

Se o cãozinho se recusar a andar, com calma e paciência tente atraí-lo com um brinquedinho de apito. Não puxe o cão nem fique bravo com ele. Em vez disso, encoraje-o com elogios e deixe-o adquirir confiança.

Puxando para a frente

Todas as vezes que o filhote puxar a guia, pare imediatamente e, sem se mexer, faça-o voltar para perto de você. Não perca a concentração. Se ele for muito peralta, use uma coleira de contenção *(ver pág. 69)*.

CHAVE DE ADESTRAMENTO

O dono contém o filhote segurando-o pela coleira

4 Quando o filhote estiver na posição "Junto", dê o prêmio de comida e elogie. Depois, mande-o sentar. Vá andando mais à medida que o cãozinho for obedecendo a sequência de ordens.

5 Quando o filhote for capaz de andar junto e sentar obediente enquanto você anda pela casa, comece ensiná-lo a virar à direita. Mantenha-o perto de você e oriente-o a virar dizendo "Junto".

6 Para virar à esquerda, segure o petisco na frente do focinho do cão para ele ir mais devagar. Mantenha-o junto da perna esquerda e dê a ordem "Siga" enquanto ele diminui o passo.

Com as Mãos Livres

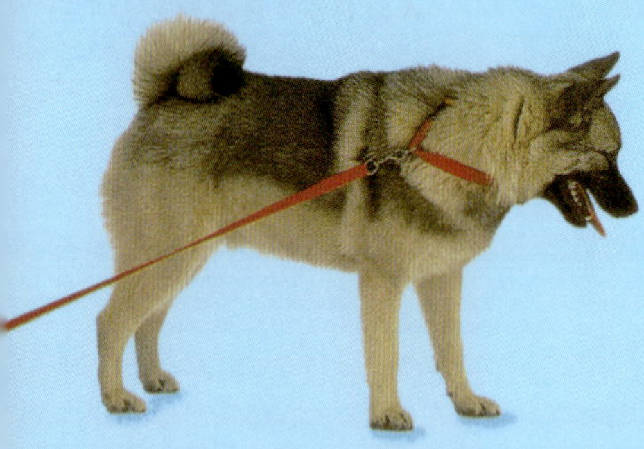

Os cães não adestrados têm a tendência inata de puxar a guia. Na tentativa de controlá-los, seus donos costumam puxá-los para trás, gerando uma tensão na guia que é inútil e contraproducente, pois os cães logo aceitam essa situação como algo normal. Adestrando seu cão para andar com a guia utilizando o método "mãos livres", você elimina o risco de que ele aprenda a puxar a guia.

1 Adestre em um lugar tranquilo. Prenda uma guia de dois metros à coleira do cão mas, em vez de segurá-la, deixe-a caída no chão. Atraia a atenção do cachorro com um petisco ou brinquedo.

2 Comece a andar com o pé esquerdo. Com o seu movimento, o cão também irá andar. Quando o corpo dele ultrapassar sua perna esquerda, pare de repente e, sem nenhum ruído, pise na guia.

3 O cão será obrigado a fazer uma parada abrupta. De início, ele poderá parecer confuso e virará para trás para olhar para você. Sorria e atraia-o para perto com o prêmio que você tem na mão.

Solucionando problemas

Comece dentro de casa

É preciso alguma prática para usar este método de controle. Comece em um corredor até você se sentir à vontade ao segurar a guia com o pé. Pise na guia com um movimento suave e não batendo o pé no chão.

Sem mãos

Lembre-se de manter as mãos livres e um sorriso no rosto. O pé na guia significa que você está no controle. Se seu cão for um animal forte, faça alguns nós na guia para impedir que ela escorregue sob o seu pé.

Experiência positiva

Lembre-se de que, para o cão, você não tem nada a ver com a guia. Espere-o voltar para perto de você. Só comece a andar quando você tiver a total atenção do cão e não houver nenhuma tensão na guia.

CHAVE DE ADESTRAMENTO

4 Incentive o cão a voltar para o seu lado fazendo gestos cordiais de boas-vindas enquanto mostra o prêmio. Seja o mais extrovertido possível sem, no entanto, excitar demais o animal.

5 Quando o cão chegar perto, dê a recompensa. Repita o exercício, mas, desta vez, pare e atraia o animal antes que ele estique a guia. Depois de bem treinado em casa, inicie o adestramento ao ar livre.

Problemas Com a Guia

Os filhotes que sempre receberam permissão para correr até o final da guia e investigar o mundo sem nenhum controle do dono logo se transformam em cães distraídos. Cachorros desse tipo costumam mastigar a guia, puxar o dono, farejar tudo o que encontram no chão, correr atrás de outros cães e se recusar a obedecer ordens. Esses animais precisam aprender bons modos.

O problema

A solução

Subir e morder

Os cães jovens e peraltas veem a guia como um brinquedo novo e divertido. Eles às vezes mastigam a guia e até tentam subir por ela.

Pulverize a guia

Faça a guia ficar com um gosto ruim pulverizando-a com um líquido amargo *(ver pág. 31)*. Se tentar mastigar a guia ou subir por ela, o cão será castigado pelo sabor desagradável e não por você.

Solucionando problemas

Nada de correria

Faça com que o cão mantenha a atenção em você com um petisco ou brinquedo. Se ele andar bem, recompense-o. Se começar a puxar, vire-se e ande na direção oposta. Não deixe que ele o arraste para todos os lados.

Nada de moleza

Tente descobrir por que seu cão não quer se levantar do chão, recusando-se a andar. Verifique se alguma coisa no ambiente está provocando esse medo. Um estampido do escapamento de um carro, por exemplo, pode levá-lo a pensar que está sendo atacado. Caminhar ao lado de outro cão adestrado e tranquilo pode resolver o problema. Se ele se recusar a andar, alivie a pressão na coleira e encoraje-o a vir para a frente.

O problema

Desabando no chão

Enquanto alguns cães deixam-se cair no chão porque ficaram com medo ao serem forçados a voltar para a posição "Junto", outros acham que tudo foi uma brincadeira e começam a rolar no chão.

A solução

Use um brinquedo

Se o cão não quer se levantar, dê um ou dois passos para trás e use um de seus brinquedos prediletos para atraí-lo e induzi-lo a andar.

Você Está Com a Guia

Muitos donos de cães vivem brincando de cabo-de-guerra. Quando o animal puxa para a frente, eles instintivamente puxam para trás. Esse é o modo errado de agir. Lembre-se que você está no controle e use seu bom senso e não a força física. Quando ele começar a fazer menção de puxar, interrompa seus pensamentos atraindo seu corpo e sua mente para onde você deseja.

Cuidado com seus próprios movimentos

Não fique gesticulando, mantenha as mãos junto ao corpo. Não deixe a guia afrouxar, mas também não permita que ela fique muito esticada. O cão precisa sentir sutilmente a sua presença. Se ele der a impressão que pretende correr atrás de um gato ou outro cachorro, aja enquanto ele ainda está pensando no que vai fazer. Não fique nervoso. Pare e procure manter-se numa posição ereta, com as mãos abaixadas, mas ponha um pé na frente do outro, o que lhe dará a estabilidade necessária. Não puxe a guia, porque isso poderá desencadear uma reação agressiva por parte do cão.

Solucionando problemas

A guia
Ela é um auxílio e não um instrumento de contenção. Use-a para adestrar seu cão e, quando necessário, para protegê-lo. Todavia, sempre que for possível, lembre-se de soltá-lo para que ele possa ter a liberdade de ser cachorro.

A guia esticada
Alguns donos de cães acham que, por sentirem tensão na guia, eles estão controlando o animal. Essas pessoas não entendem que o verdadeiro controle deriva do seu relacionamento com o cão e da compreensão das ordens.

O cão deve "desejar" obedecer a seu dono e não ser obrigado a obedecer por estar preso a uma guia.

CHAVE DE ADESTRAMENTO

Andando Com a Guia 58

Problemas Com a Guia 62

Atraia o cão para o outro lado
Não deixe seu cão ficar encarando o que está lhe causando distração e não puxe a guia até esticá-la. Habitue-se a levar um brinquedo sempre que for passear com ele. Use o brinquedo para desviar a atenção, fazendo-o virar a cabeça e esquecer-se da visão ou atividade que o fez esticar a guia.

Trabalhe com seu cão, não contra ele
Quando você se deparar com outro cachorro, permaneça relaxado, porém atento, pronto para virar se for necessário. O cão não pode sentir você encurtar ou tensionar a guia, porque isso poderá desencadear um confronto com o outro animal.

12345

Treino Avançado

A resposta confiável a ordens simples, como "Vem", "Senta", "Fica", "Deita", é o verdadeiro núcleo do adestramento. Você e seu cão devem praticar regularmente o treinamento da obediência, porque ele é a base de todo o adestramento avançado. A obediência a esses comandos fundamentais é vital porque sempre haverá ocasiões em que o cão encontrará motivo para distrações. O firme controle do dono sobre o cão pode até salvar vidas.
A variedade de personalidades encontrada nos cães é extraordinária e constitui um dos atributos que nos faz gostar deles, mas isso também significa que nem todos respondem aos mesmos métodos de adestramento. Escolha o método de controle e restrição que seja o mais adequado para você e seu amigo canino. Se achar necessário, modifique o tipo de adestramento, mas nunca se esqueça de que as sessões devem ser curtas, cordiais e divertidas.

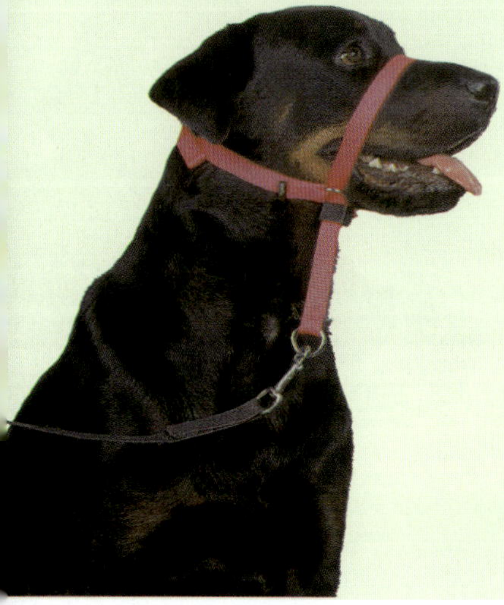

Controle e Restrição

É essencial usar o acessório de contenção adequado durante a sessão de adestramento, em especial se você estiver em lugares públicos. A maioria dos cães reage bem a um puxão na coleira de meia contenção, mas outros atendem melhor a coleiras de contenção com faixa no focinho ou outro tipo de freio *(ver pág. 32)*.

Coleira de meia contenção

1 Verifique se a coleira está na posição correta, com a parte de tecido em torno do pescoço e a corrente centralizada no alto do pescoço.

2 A guia precisa ser puxada para cima para apertar a coleira. Esse movimento controla a atividade indesejada na maioria dos cães sem causar desconforto. Evite usar coleiras de contenção em animais com traquéias delicadas (pergunte ao veterinário se esse é o caso do seu cão).

Usando a focinheira

Afivelando a focinheira

Ajoelhe-se ao lado do cão e enfie a faixa começando por baixo da cabeça. Puxe as pontas da coleira para trás e afivele. A faixa deve ficar bem ajustada, porém dando espaço para o cão abrir os maxilares e ofegar livremente.

A primeira vez

De início, o cão poderá querer se livrar da focinheira. Nunca tente tirá-la enquanto ele estiver arranhando com as patas. Em vez disso, distraia o cachorro e só quando ele se acalmar remova a focinheira. A focinheira é útil porque evita que o animal coma o que não deve e redu a um mínimo o risco de mordidas, mas serve també para lembrá-lo de que você está no controle. Cães que usam focinheira não devem passar muito tempo longe d supervisão do dono.

Coleira de contenção com faixa no focinho

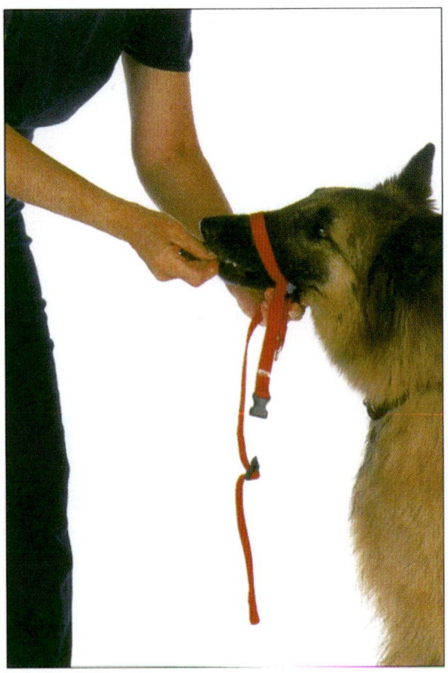

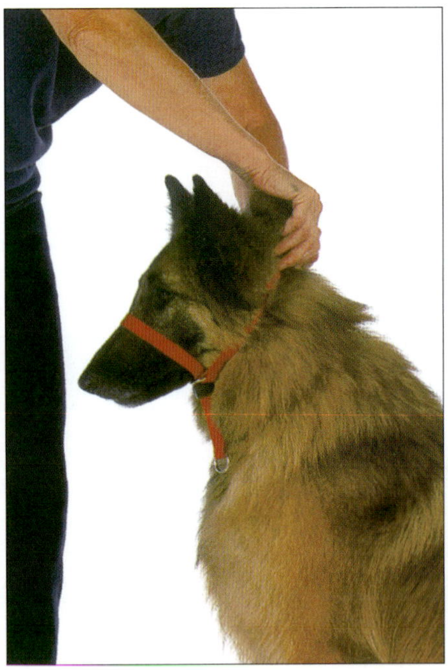

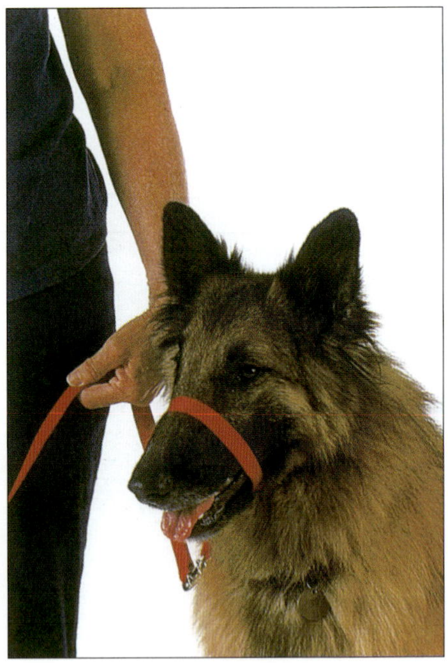

1 Deslize a faixa pelo focinho, colocando a mão sob a mandíbula para manter a cabeça voltada para cima. Atrair o cão com um petisco torna essa experiência mais agradável para ele.

2 Prenda a coleira atrás do pescoço, verificando se não está apertada demais. Deixe dois dedos de espaço em toda a parte interna da coleira.

3 Prenda a guia na argola que fica sob o maxilar. Se o cão puxar para a frente, seu próprio movimento fará com que a cabeça seja puxada para baixo.

Solucionando problemas

Acessórios adequados

Seja qual for o acessório, ele deve ser adequado à raça e tamanho do cão e você deve sentir-se à vontade com ele. Nunca use qualquer acessório que possa causar dor ao animal. O uso incorreto de um acessório pode ser prejudicial.

Aceitando a contenção

Escolha de preferência uma coleira de contenção com faixa ajustável e que fique posicionada em torno da metade do focinho. A faixa deve ficar justa para não escorregar até os olhos, mas não apertada. Lembre-se de que os cães demoram a se acostumar com focinheiras. Deixar o cão comer com a faixa no focinho ajuda na sua aceitação. Nunca exerça uma pressão forte e contínua na coleira de contenção. Também nunca tente tirar a focinheira quando o animal estiver arranhando-a, querendo livrar-se dela. Dificulte a remoção enfiando a ponta sob a coleira. Só tire a coleira depois que o cachorro entrar em casa.

Peitoral

Peitoral de emergência

Passe a guia em torno do peito do cão e segure-a perto do corpo. Isso lhe permitirá manter um controle firme se o cachorro se assustar com alguma coisa e puxar a guia inesperadamente.

Peitoral padrão

Se o peitoral estiver corretamente colocado, o cão será controlado pela tensão aplicada na sua caixa torácica. O peitoral é adequado para raças com traquéias delicadas, como os Yorkshire terriers, e para os que têm pescoço muito musculoso, como os pugs.

Senta e Fica

Os comandos "Senta" e "Fica" constituem a base da propriedade responsável de um animal de estimação e são uma forma de controle muito útil durante atividades ao ar livre. Comece o adestramento dentro de casa e limite a sessão a 15 minutos. Quando ele tiver aprendido a atender muito bem a essas ordens, comece a ensinar usando apenas sinais com as mãos *(ver pág. 78)*.

1 Segure a guia na mão esquerda e o petisco na direita. Enquanto o cão estiver sentando, concentrado no petisco, dê a ordem "Senta".

2 Mantenha a tensão na guia e dê um passo à frente com o pé direito. Ao mesmo tempo, dê a ordem "Fica".

3 Mova o pé esquerdo para juntar-se ao direito, lembrando-se de manter contato visual constante e carinhoso com o cão.

4 Mantenha a guia acima da cabeça do cão e olhe-o de frente. Prenda sua atenção segurando o petisco bem alto.

Solucionando problemas

O cão comilão

Alguns cães só pensam em comer. Se for esse o caso do seu, não use petiscos como prêmio sempre que ele obedecer. Use seu critério para avaliar quando deve ou não mostrar que está com prêmio de comida na mão.

Se o cão se mexer

Você está ensinando o cão com uma linguagem nova, por isso não espere que ele entenda as ordens logo no início. Se ele se mexer, segure a coleira com a mão esquerda e, com a direita, force o traseiro para baixo.

CHAVE DE ADESTRAMENTO

"Bom, fica"

Levante o prêmio para manter o contato visual

5 Recompense o cão por ficar parado. Agora, ande lentamente em torno dele, segurando a guia acima da sua cabeça. Ensine uma ou duas ordens de cada vez para não confundi-lo.

6 Depois de várias sessões, o cão deverá sentar e ficar parado seguro pela guia. Agora, deixe a guia cair e repita os cinco passos anteriores, sempre elogiando o cão pelo bom comportamento.

7 Dê-lhe o petisco enquanto ele estiver obedecendo a ordem, sentado e parado com a guia solta, não depois de terminado o exercício. Finalize abrindo os braços e dizendo "Certo".

Vem e Senta

Você poderá notar um perigo que ainda não foi percebido pelo cão, por isso é essencial para a segurança do animal ensiná-lo a voltar para perto de você assim que ele escutar a ordem. Um filhote volta por segurança, mas o cão adulto tem de ser adestrado a voltar por prazer. Os melhores resultados são obtidos quando já se estabeleceu um vínculo de amizade entre o cão e o dono.

1 O cão já deve ter aprendido a sentar e ficar. Com a guia na mão esquerda e um petisco na direita, afaste-se dele, sempre dando o comando "Fica".

2 Quando chegar ao fim da guia, e com ela ainda na mão, vire-se para ficar de frente para o cão. Mostre-lhe o petisco. Chame o cachorro usando seu nome junto com a ordem "Vem".

3 Quando o cão chegar perto, dê o comando "Senta". Muitos sentam naturalmente para manter o olhar no petisco, mas você deve continuar a repetir a ordem enquanto ele estiver sentando.

Informações adicionais

Tenha paciência

As ordens "Senta", "Fica" e "Vem" são as lições mais importantes que você pode ensinar ao cão, porque elas lhe permitem manter o controle sobre ele o tempo todo. Os donos de cães têm a responsabilidade de não transformá-los em animais incômodos para os outros. Sempre recompense o bom comportamento e use um tom de voz positivo ao elogiá-lo. Se o cão não atender a uma ordem, reinicie o adestramento a partir da última etapa que foi bem aprendida.

Divirtam-se

O adestramento deve ser divertido para os dois. De início, recompense com liberalidade, mas depois o cão virá porque gosta da sua companhia. Termine as sessões com jogos para ele esperar com prazer a próxima lição.

CHAVE DE ADESTRAMENTO

A guia comprida está frouxa, mas garante a obediência à ordem

4 Depois que o cão aprendeu a vir para você usando uma guia comum, passe para uma bem comprida. Em vez de premiar com um petisco, use um brinquedo, mais visível de longe.

5 Quando o cão souber obedecer sem hesitação as ordens "Vem" e "Senta", dê-lhe o brinquedo e faça elogios verbais. Com o tempo, seu cão será capaz de fazer esse exercício sem a guia.

Deita

É importante ensinar o cão a deitar assim que receber a ordem, principalmente se vocês estiverem fora de casa, onde há mais perigos. Além disso, ele aprenderá que você está no controle, o que é fundamental se for um animal de personalidade forte. Existem duas posições para a ordem "Deita": a postura de esfinge, com as pernas de trás dobradas sob o quadril, ou deitado de lado.

"Deita"

1 Com o cão usando a guia e parado à sua esquerda, dê a ordem para sentar. Ajoelhe-se e prenda a guia sob seus joelhos. Segure a coleira com a mão esquerda e mantenha um petisco escondido na direita.

2 Não mostre o petisco da mão direita, apenas deixe o cão sentir o cheiro. Isso manterá a mente do cão focalizada enquanto a mão esquerda segurando a coleira o impede de vir à frente.

3 Com a mão direita, faça um gesto em forma de L, abaixando a mão até o chão entre as patas do cão e depois puxando-a para a frente. Quando ele abaixar para seguir o petisco, dê o comando "Deita".

Solucionando problemas

Cães relutantes

Se o cão não se interessa por prêmios de comida, use um brinquedo de morder. Você poderá ajudá- lo a deitar *(ver pág. 55)* se ele for do tipo que aceita ser tocado. Se for bravo, não faça mais do que recompensar a obediência.

Reforçando a ordem

Se o cão começar a levantar antes de ter sido dispensado, deslize firmemente a mão pela guia até alcançar a coleira. Isso controlará o movimento e exercerá uma pressão para baixo. Quando ele começar a voltar para a posição, repita a ordem "Deita". O cão só poderá sair da posição quando você disser: "Certo".

CHAVE DE ADESTRAMENTO

"Deita"

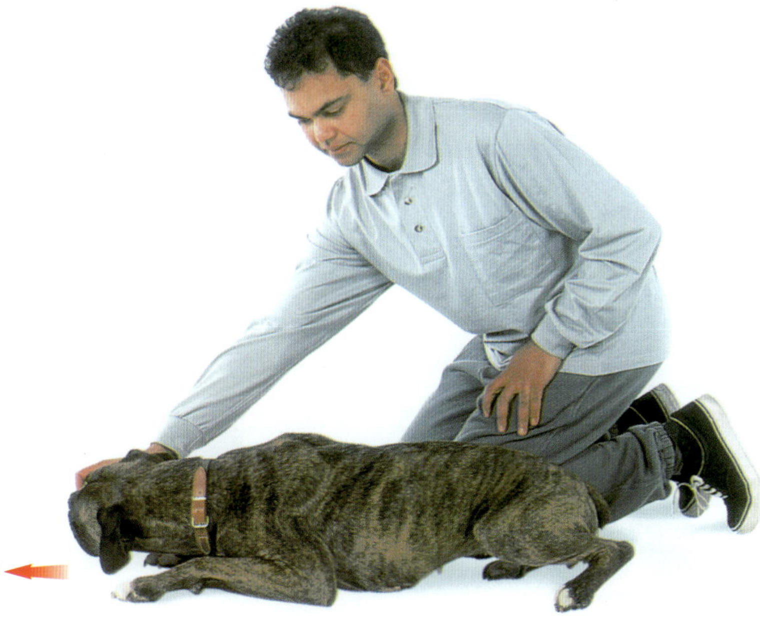

4 Assim que o cachorro deitar, dê-lhe o prêmio. Se seu cão não costuma mostrar grande interesse por comida, use seu brinquedo de morder preferido. A essa altura, a posição que foi assumida não é importante, desde que seja confortável.

Emergência: posição deitada instantânea

Ajoelhe, deslize a mão pela guia até a coleira e puxe para baixo, dando a ordem "Deita". Elogie o animal assim que ele deitar. Adestre o cão dentro de casa ou numa área tranquila sem distrações. Quando ele estiver bem adestrado, treine em locais mais movimentados.

Deita e Fica

Pular nas pessoas e sair correndo atrás de coisas ou animais são atitudes naturais no comportamento dos cães, mas isso pode ser desagradável e até perigoso. Se ele for ensinado a ficar parado será possível controlar esses impulsos. Continue dando ordens verbais e prêmios em comida, mas esta também é uma boa hora para introduzir sinais simples para o cão entender comandos à distância.

1 Com o cão no seu lado esquerdo na posição "Deita", dê o comando "Fica". Segurando a guia na mão direita, desça a mão esquerda aberta, palma para baixo, até o cachorro, e afaste-se.

2 Segure a guia frouxa, mantenha o contato visual e afaste-se dele. Não dê prêmios de comida quando estiver ensinando o cão a ficar deitado porque ele vai querer se levantar para pegar o petisco.

3 Ainda mantendo o contato visual, vire-se, fique imóvel e diga: "Bom, fica". Elogie o cão. Aos poucos, vá aumentando a duração da posição "Deita" até o cão permanecer nela por vários minutos.

Informações adicionais

Usos práticos

Treine o cão para permanecer deitado mesmo quando ocorrer algo inesperado perto dele. Isso garante a segurança de outras pessoas e do próprio cão, e mostra o quanto ele foi bem adestrado.

"Ficar" em sua ausência

Aos poucos, vá aumentando a distância entre você e o cão, mas mantendo-se em seu campo de visão. Só depois que ele se mostrar totalmente relaxado longe de você comece a fazer breves tentativas de sair de sua vista.

CHAVE DE ADESTRAMENTO

Senta e Deita	54
Senta e Fica	72
Deita	76

4 Depois de alguns minutos, volte para perto do cão e recompense com "Bom, fica". Fale num tom calmo enquanto o cão ainda está deitado. Não o excite nem o recompense por levantar.

5 Mostre ao cão sua mão direita aberta e dispense-o com a palavra "Certo". Não faça agrados depois de soltar o cão, porque o elogio foi por ele ter terminado o exercício e não por ter sido solto.

Calmo e Relaxado

Adestrar seu cão, filhote ou adulto, para ficar calmo e relaxado não é algo tão tolo como parece. Um cachorro que dá permissão para o dono virá-lo de costas e expor a barriga mostra que se sente à vontade. Além disso, um cão adestrado para relaxar é mais fácil de ser tratado durante a higiene diária e, digo por minha experiência como veterinário, bem mais fácil de examinar.

Confiança mútua

Exercícios graduais desenvolvem sua confiança em pegar o cachorro no colo e a confiança dele ao ser pego. Com ele no colo, levante suas patas dianteiras e vá puxando-o até ele encostar no seu peito.

Patas dianteiras fora do chão

Na posição sentado, erga devagar as patas dianteiras a alguns centímetros do chão. Elogie quando ele relaxar. Se perceber que está tenso, abaixe as patas e continue segurando-o até ele se acalmar.

Tranquilo

"Barriga para cima" é uma posição muito vulnerável para um animal e a disposição de relaxar de costas no seu colo significa que ele aceita o modo como você o pega. Fale "Certo" no final do exercício.

Solucionando problemas

Nada de pressa

Comece a ensinar a posição de relaxamento em uma área tranquila da casa e quando você também estiver calmo. Nunca puxe o cão para ficar de costas. Deixe que ele se acostume aos poucos até aceitar a posição naturalmente.

Raças específicas

Certas raças de cães de caça têm dificuldade de ficar de costas por sua estrutura física e sentem-se desconfortáveis nessa posição. Esses cães, e quaisquer outros que tenham problemas nas costas, devem ficar deitados de lado.

Cócegas delicadas

Se for passar os dedos na barriga do cão, seja vagaroso e delicado. Não trate a barriga do seu cachorro como se fosse uma tábua de lavar! O objetivo é fazer o exercício ser tão gostoso que o cão acabar pegando no sono.

Solte vagarosamente

Quando terminar o exercício, solte o cachorro devagar e silenciosamente, não se levante de repente. Ofereça um petisco e elogie enquanto ele está relaxado, depois dê a ordem final "Certo" e não faça mais elogios.

Acalmando a hiperatividade

Cães hiperativos se beneficiam do relaxamento. Sente-se e prenda a guia sob o pé, impedindo-o de levantar-se para exigir atenção. Isso o força a relaxar, o que é uma lição muito importante, porque você poderá fazer o que quiser sem ser perturbado por exigências caninas indesejáveis.

O grande sossego

Todos os cães, grandes ou pequenos, gostam de relaxar com o líder da matilha, seja por inclinação natural ou por meio de adestramento. Por sorte, a maioria dos líderes de matilha também acha gostoso relaxar com seu cão no colo.

Controle dos Latidos

Um cão que late bastante é um bom alarme contra roubo e uma boa proteção, mas você, sem dúvida, precisa ter um interruptor do tipo liga/desliga. Ensinando o cão a latir só quando recebe a ordem "Fala", você pode controlar os latidos e mandá-lo ficar calado. Quando ele aprender a latir só em certos casos, comece a adestrá-lo para latir ao ouvir barulhos estranhos no jardim.

1 Prenda a guia num poste e fique a cerca de 1 metro de distância. Seduza o cão mostrando-lhe um brinquedo e dê-lhe um petisco quando ele latir de frustração.

2 Guarde o brinquedo e dê o prêmio verbal "Bonzinho" quando ele latir. De vez em quando, ofereça uma recompensa mais gratificante, como um petisco saboroso.

3 Dê a ordem "Fala" no momento em que ele latir e depois ofereça o brinquedo como prêmio. É importante prestar muita atenção para haver sincronismo entre a ordem e o latido.

Informações adicionais

A alternativa "Quieto"

Se o cão gosta de comida, coloque um petisco na frente do focinho para fazê-lo parar de latir. Dê a ordem "Quieto" no exato instante em que ele parar de latir e, a seguir, dê o petisco. Só recompense quando ele ficar em silêncio.

Proteção

Há pessoas que gostam que o cão lata bastante para impedir a entrada de intrusos em casa. Nesse caso, em que o cão funciona como um meio de defesa, usa-se o comando "Guarda" em vez de "Fala".

Chamar a atenção

O objetivo do latido é chamar a atenção, mas o cão que late para qualquer um que passa é irritante. É possível que em sua mente ele esteja fazendo seu papel de guarda, mas às vezes isso é um sinal de tédio. Se você exercitá-lo sempre e o mantiver mentalmente estimulado, o tédio vai passar.

"Quieto"

4 Depois que ele tiver aprendido a ordem "Fala", comece a ensinar "Quieto" quando estiver latindo. Dê o brinquedo assim que ele parar de latir. Se continuar latindo, guarde o brinquedo e diga "Não".

5 Depois de ensinar o cão a latir ou a ficar em silêncio quando está perto de você, afaste-se um pouco dele. Repita o exercício desde o início, até o cachorro aprender a obedecer as ordens.

6 Aproxime-se e dê-lhe seu brinquedo preferido. O cão deve continuar preso ao poste até obedecer sempre, mesmo que os prêmios sejam ocasionais. Repita o adestramento sem a guia.

Ansiedade da Separação

Os cães que não têm autoconfiança, especialmente os que passaram por centros de recolhimento, são os que mais mostram os sinais de ansiedade da separação. Eles latem, cavam e destroem móveis e outros objetos quando são deixados sozinhos.

Esses animais são inseguros e precisam ser tratados com carinho e paciência, porque leva tempo para curar o problema.

Latindo para chamar a atenção

Um cão preso em um cômodo pode latir ou tentar destruir a porta pedindo para ser solto. Nunca volte para perto do animal se ele estiver latindo. Espere até ele parar e depois solte-o, sem dizer nada. Um portãozinho *(ver pág. 48)* permite que o cão o veja sem segui-lo por todos os cantos.

Uma toca não é uma prisão

Muitos cães veem a gaiola como uma toca e mostram-se muito felizes em passarem um tempo razoável dentro dela. O uso da gaiola elimina os problemas de mastigação e destruição no cão que é deixado sozinho. O cachorro deve ter sempre alguma coisa para morder dentro da sua toca.

Solucionando problemas

Não acione

Podemos estar acionando a ansiedade da separação inadvertidamente. Balançar o chaveiro e despedir-se com um "volto logo" são atitudes que o avisam que você está saindo. É melhor sair rápida e silenciosamente, sem avisos.

Falsas partidas

O cão terá de aprender que suas idas e vindas fazem parte da vida diária e não constituem uma ameaça. De vez em quando, ande dentro de casa balançando o chaveiro para ele se habituar com o barulho.

Sem autoconfiança

Se o cão sofre de ansiedade da separação, vá aumentando seus períodos de ausência bem devagar, ao longo de várias semanas. Ao sair, sempre deixe com ele um brinquedo que você esfregou com as mãos.

Só castigue o cão se ele for flagrado no ato. Reprimendas na hora errada só servirão para confundi-lo.

Exercício em primeiro lugar

Um cão que se exercita, que está bem alimentado e sem sede, normalmente se acomoda para dormir quando se vê sozinho. Dar-lhe uma roupa velha do dono para se aconchegar serve como uma chupeta, mas tome cuidado para não deixar roupas boas largadas pela casa porque ele poderá pegá-las também.

Uma cama só dele

Deixe o cão acomodado em sua própria cama com algo para mastigar. Limitar seu acesso a apenas algumas áreas da casa o impedirá de dormir onde bem quiser e de se apoderar de objetos do dono como uma forma de consolo, pelo menos até merecer o privilégio do acesso à casa toda.

Usando as Patas

.destrar um cão para usar suas patas é bom para ele adquirir estreza, mas alguns são mais aptos do que outros. Trata-se de m meio de comunicação e também é a base para ensinar o aperto de mão", uma brincadeira útil porque levantar a pata um gesto de subserviência. O dono que ensina esse exercício para seu cão está reforçando sua posição de líder da matilha.

"Senta"

Impeça o cão de aproximar o focinho do petisco

1 Com o cão à sua esquerda, dê a ordem "Senta". Ajoelhando-se, segure a coleira com a mão esquerda e mostre-lhe o petisco que você tem na mão direita.

2 Leve a mão direita ao chão até ficar na frente das patas dianteiras do cachorro. Com a mão esquerda, impeça-o de aproximar o focinho do petisco e de deitar.

3 Deslize a mão na direção das patas do cão. Quando ele começar a levantar uma pata, ponha a mão fechada sob ela e empurre-a um pouco para cima. Continue segurando pela coleira.

Informações adicionais

O jogo de tocar
Quando o cão aprender a usar a pata, você pode adestrá-lo para abrir portas e participar de jogos. Uma brincadeira é acionar uma alavanca que solta uma bola. Essa é a base para o esporte canino chamado fly ball.

Patas demais
Se seu cão tem mania de fazer exigências arranhando as patas em você, diga "Não" com firmeza e dê-lhe a ordem de deitar. Mas saiba que, com esse comportamento, ele está tentando avisar que precisa de estímulos físicos e mentais.

Fazendo continência
Quando seu cão já tiver aprendido a tocar sua mão ao receber a ordem, comece a erguê-la acima da cabeça do animal e incentive-o a fazer continência com uma pata, com a outra e depois com as duas.

CHAVE DE ADESTRAMENTO

Senta e Fica 72

"Pata"

4 Levante a pata apoiada em seu punho e dê a ordem "Pata". Em seguida, ofereça o petisco. Repita o exercício, mas usando a palavra "Pata" para recompensar, e não dê prêmio comestível.

5 Quando o cão já tiver aprendido bem a levantar a pata na altura de sua mão obedecendo apenas a ordem verbal, mostre-lhe que você está escondendo um petisco atrás de um pedaço de madeira.

6 Dê a ordem "Pata" e recompense o cão com o petisco quando ele tocar a madeira. Essa é a base de uma variedade de jogos de tocar que manterão seu cão física e mentalmente estimulado.

Andando Junto

Antes de adestrar seu cão para andar junto de você, ele já deve ter aprendido a sentar. Comece em casa, onde há poucas distrações. Vá aumentando a possibilidade de distrações até o cão aprender a manter a atenção em você enquanto caminha ao seu lado. Se ele for muito forte ou agitado, é melhor usar uma coleira com contenção de cabeça. Evite repetir constantemente a ordem "Junto".

Segure a guia com as duas mãos

Leves puxões na guia fazem o cão voltar para a posição

1 Coloque o cão na posição "Senta" no seu lado esquerdo. Segure a guia com as duas mãos e mantenha um petisco escondido na mão direita. A mão esquerda segura a guia bem perto da coleira.

2 Usando o nome do cachorro e a ordem "Junto", comece a andar para a frente dando o primeiro passo com o pé esquerdo. Dê o petisco quando o cão conseguir andar junto alguns passos.

3 Quando o cão for capaz de andar junto cerca de vinte passos, sem restrição e sem puxar a guia, ensine-o a virar à direita acompanhando você, usando um petisco como incentivo.

Libertando da guia

Sem guia

Quando o cão já estiver bem treinado para andar ao seu lado com a guia, repita o exercício sem ela. Ponha a guia nos ombros e segure um petisco na mão direita. Comece a andar na frente, dando o comando "Junto".

Virar à direita

Para ensinar o cão a virar à direita sem guia, mantenha-o próximo de sua perna esquerda e segure o petisco na mão direita. Dê a ordem "Junto" e atraia o cachorro para a direita fazendo-o seguir o petisco.

Virar à esquerda

Segurando o petisco na mão direita com o braço na frente do corpo, dê o primeiro passo para a esquerda, dando o comando "Junto". O cachorro terá de diminuir o passo para ficar perto do petisco.

CHAVE DE ADESTRAMENTO

O cão permanece perto da perna do dono

4 Para virar à esquerda, deslize a mão esquerda pela guia até pegar a coleira. Começando com o pé direito, aumente sua velocidade enquanto força o cão a diminuir o passo para acompanhá-lo na curva.

5 Agora faça uma volta completa. Ainda usando o petisco para atrair o cão, diga o seu nome e dê o comando "Junto" enquanto você faz uma volta completa. O cão seguirá o petisco.

Segurando Objetos

É divertido para o cão quando o dono atira objetos para ele trazer de volta *(ver pág. 93)*. Antes, porém, ele tem de aprender a segurar um objeto na boca. Não use brinquedos porque o cão vai querer mastigá-los. Um acessório especial para esse fim é mais adequado. Recompense apenas com elogios e não com petiscos porque, claro, o cachorro tem de continuar a segurar o objeto com a boca.

Segurando um objeto

1 Ajoelhe-se ao lado do cão, que deve estar sentado. Segurando a guia com o joelho, passe o braço esquerdo em torno do cachorro e, com delicadeza, abra sua boca com o polegar, dizendo "Bonzinho".

2 Antes de começar, brinque com o cão e mostre-lhe o objeto. Agora, se ele se sente confortável preso pelo seu braço, levante a sua cabeça e ponha o objeto na boca. Dê a ordem "Bom, segura".

3 O cão deve segurar o objeto de bom grado e da maneira correta, logo atrás dos dentes caninos, com a língua para trás. Recompense com elogios verbais dizendo "Bonzinho, segura".

Solucionando problemas

Objetos difíceis de segurar

Alguns cães, como os boxers, por exemplo, têm o maxilar proeminente. Nesses casos, o cachorro precisa segurar o objeto na frente dos dentes caninos e não atrás deles, como é mais comum.

Evitando o objeto

Se o cão desviar a cabeça do objeto, siga o movimento da cabeça do cão, mantendo o objeto sempre à altura do seu nariz.

CHAVE DE ADESTRAMENTO

Pegando um objeto do chão

4 Agora ensine o cão a pegar um objeto do chão. Levante o objeto até o focinho e depois abaixe-o até o chão. O animal deve seguir o objeto atentamente. Dê a recompensa verbal "Bonzinho".

5 Coloque o objeto no chão, mas não afaste a mão dele. Dê o comando "Segura", enquanto o cão abaixa a cabeça para pegar o objeto com a boca.

6 Tire a mão do objeto e, imediatamente, o cão deve pegá-lo. Nesse instante, repita o comando "Bom, segura", cuidando para o cachorro não largar o objeto.

Buscando Objetos

Quando o cão já tiver aprendido a segurar um objeto na boca, chegou a hora de adestrá-lo para correr atrás de um objeto e trazê-lo de volta. Se for um filhote, use inicialmente um brinquedo barulhento e deixe o cãozinho brincar com ele por algum tempo antes de começar o exercício. Em qualquer outro caso, o objeto deve ser o mesmo que o cão aprendeu a segurar.

Etapa um: Pega

O cão preso na guia está sob o controle do dono

1 Use um objeto de cor viva, como um pedaço de carpete enrolado, ou o acessório adequado para esse exercício, para atrair a atenção do cão. Mantenha a guia enrolada na mão esquerda e segure a coleira com a mesma mão enquanto joga o objeto não muito distante.

2 Dê o comando "Pega" soltando a coleira do cão e desenrolando a guia. Ele correrá para o objeto e, como já foi adestrado para pegar e segurar *(ver pág. 90)*, fará o exercício com entusiasmo.

Resolução de problemas

Mastigando os objetos

Se seu cão costuma mastigar os objetos que vai buscar, volte a adestrá-lo *(ver pág. 90)* para obedecer a ordem "Segura" até aprender a manter o objeto na boca. Ensine de início a última etapa do exercício, começando com o cachorro sentado à sua frente, com o objeto na boca. Elogie-o calmamente por segurar, mas não recompense se ele mastigar o objeto. Não volte a atirar o objeto enquanto o cão não aprender a segurá-lo corretamente.

Relutância em buscar

Faça com que o jogo de atirar e buscar se torne mais divertido para o cão usando um brinquedo e correndo com o cachorro, ainda na guia, até o local onde o objeto caiu. Aos poucos, vá aumentando a distância.

Relutância em segurar

Se o cão corre para o objeto, mas parece não saber o que fazer quando o alcança, ele ainda não aprendeu a segurar corretamente. Ensine de novo o comando "Segura" *(ver pág. 90)* usando um brinquedo mais interessante.

Etapa dois: Vem e Dá

O cão permanece parado

1 Assim que o cão pegar o objeto, dê a ordem "Vem" em um tom de voz bem firme. Quando ele fizer a volta para obedecer, ajoelhe-se para incentivá-lo e estenda a mão para receber o objeto. Se for preciso, dê leves puxões na guia.

2 Ainda ajoelhado, recompense o cão por sua obediência com firmes afagos na região lateral do corpo e elogios verbais como "Bonzinho". Coloque a mão sob o maxilar do cão para impedi-lo de soltar o objeto.

Relutância em voltar

Se o cão não reage nem obedece quando você dá a ordem "Vem", volte ao adestramento de chamar *(ver pág. 50)* e pratique bastante antes de avançar para o exercício de buscar o objeto.

Brincando com filhotes

Você pode transformar esse exercício em um jogo para brincar com um filhote. Deixe o cãozinho mastigar o brinquedo e não tente tirá-lo dele. Quando ele soltar o brinquedo por vontade própria, elogie-o com entusiasmo.

CHAVE DE ADESTRAMENTO

3 Ainda segurando o maxilar, levante-se e diga: "Obrigado". Ao mesmo tempo, com um gesto delicado, mas firme, tire o objeto da boca do cão e sorria. Nenhum elogio, porque a recompensa depois de entregar o objeto só serve para ensinar o cão a cuspir o objeto quando bem quiser.

4 Para lembrar ao cão que você continua no controle, dê a ordem "Senta". Na próxima vez, para incentivá-lo a soltar o objeto quando você disser "Obrigado", devolva-o para o cão como uma recompensa final por ter completado o exercício com sucesso.

12345

Jogos e Brincadeiras

Para a maioria de nós, os nossos cães fazem parte da família e mesmo que não os consideremos humanos, também não os vemos como "animais". Entretanto, devemos ter em mente que eles jogam com regras diferentes das nossas. Adestre seu cão para jogar dentro de nossas regras, mas compreendendo as necessidades naturais que ele tem. Os cães precisam muito de estímulo mental e físico. Sua mentalidade de membro de uma matilha afeta todos os aspectos do comportamento, tanto no que diz respeito a nós, adultos, às crianças e aos outros cães. É fácil e agradável adestrar o cachorro para aceitar ordens das crianças da casa criando jogos que reforçarão a ideia de que seus filhos, na hierarquia da matilha, estão em um nível mais alto que o do cão. Escolha jogos adequados para o tamanho, peso, idade e aptidão mental do seu cachorro. O cabo-de-guerra, por exemplo, é uma brincadeira que deve ser evitada se ele for bravo ou com temperamento dominador.

Cães e Crianças

Ensinar as crianças a se aproximar de um cão é tão importante como adestrar cães a se comportar com crianças. Ensine seus filhos a sempre pedirem permissão do dono antes de tocar um cão desconhecido. Também ensine que eles nunca devem correr atrás de um cão, atiçá-lo ou gritar com ele. Enquanto não tiverem maturidade suficiente, não deixe seus filhos adestrar ou alimentar um cachorro.

O menino olha para o dono e pergunta se pode acariciar o cachorro

Sem contato visual

O menino não deve fazer contato visual com o cão, mas sim com o dono. Como as crianças são menores e menos autoritárias do que os adultos, elas correm maior risco de serem mordidas.

Carícias delicadas

Ensine as crianças a só acariciar o cão quando estiverem na sua lateral, nunca de frente para ele. Ensine também que elas nunca deverão tocar a cabeça do cachorro. Elogie o cão pelo bom comportamento, mas mantenha-se alerta para repreendê-lo se ele rosnar ou fizer menção de morder.

Solucionando problemas

Apresentando o bebê

Deixe o cão ver e cheirar o bebê, mas não permita que ele o toque. Brinque com o animal, elogie-o e alimente-o na presença do bebê, mas tome cuidado, porque um movimento inesperado pode fazê-lo ficar nervoso.

Primeiro, a segurança

O cão deverá usar focinheira se há crianças que estão aprendendo a andar, ou se já ameaçou alguém. Isso é especialmente importante se o cachorro é guarda da casa e tem permissão para perseguir estranhos.

Atividades excitantes

Treine o cão a ficar deitado mesmo na presença de atividades excitantes, como crianças jogando futebol. Os cães têm a tendência de morder e mastigar quando brincam, portanto, nunca os deixe sozinhos com crianças.

O cão não se assusta com crianças

Apresentando crianças

Só permita que um cachorro novo na casa cheire e investigue uma criança se você tiver certeza de que ele é um animal digno de confiança. Mesmo assim, essas atividades só poderão ocorrer na sua presença.

Responsabilidade de adultos

Somente os adultos da casa devem alimentar o cão. Não deixe crianças carregarem coisas para comer perto de um cachorro. Lembre-se também que crianças não podem levar um cão para passear, a não ser que estejam acompanhadas de um adulto.

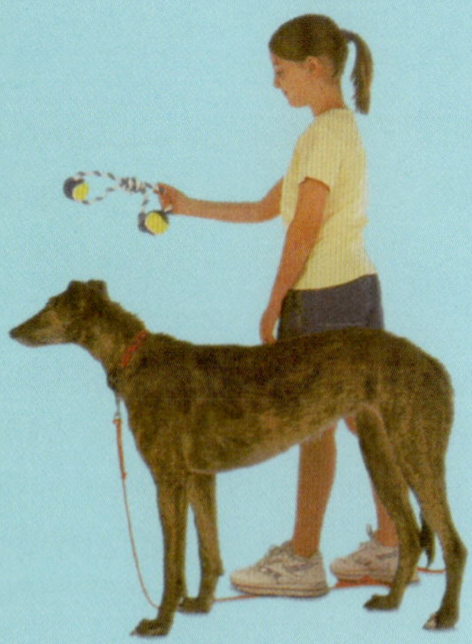

Brincar Com Crianças

Crianças sensatas e responsáveis gostarão de brincar com cães obedientes, dispostos a atender suas ordens de bom grado. A guia comprida garante o controle constante sobre o animal. Não deixe seus filhos jogarem futebol com o cachorro em lugares públicos. Ele vai querer participar de qualquer grupo que estiver jogando e há pessoas que não veem com simpatia um centroavante canino.

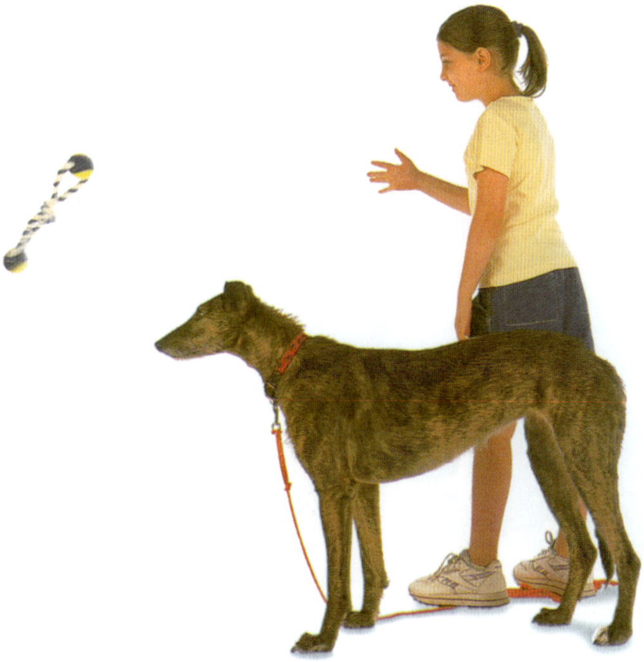

1 **Bom controle**
A menina joga o brinquedo, o cão está alerta, mas não sai do lugar. Um cão bem adestrado só vai buscar quando recebe a ordem. O ensino desses jogos deve ser feito por adultos. As crianças só poderão participar se o cão já entendeu exatamente o que deve fazer.

2 **A supervisão de adultos**
A criança só pega o brinquedo se um adulto estiver tomando conta. Enquanto a criança não estiver emocionalmente madura e com plena capacidade de entender como controlar um cachorro, todas as brincadeiras devem ser feitas junto com um adulto.

Informações adicionais

Não brincar de morder

As crianças nunca devem se envolver com cachorros em brincadeiras de morder. Isso pode fazer com que o cão se sinta em uma posição mais alta na hierarquia da matilha, o que é muito perigoso.

Jogos de força, não

Brincar de cabo-de-guerra com um cão representa uma real possibilidade de acidente. No calor do jogo, as crianças irão manter um contato visual muito forte com o animal, o que poderá ser interpretado como um confronto.

Não dividir brinquedos

Brinquedos de crianças são brinquedos de crianças, e os cães não devem brincar com eles. Se necessário, pulverize um aerossol amargo nos brinquedos *(ver pág. 31)* para impedir que o cachorro se apodere deles.

Não atiçar

Brincar com um cão fingindo que vai dar comida, mas não dá, é uma atitude injusta e erroneamente ensinará o animal a arrancar petiscos da mão da criança.

3 **Pequenos líderes**

A criança pega o brinquedo e recompensa o cão com um petisco. Brincando com todos da família, o cão aprende que, dentro da matilha à qual ele pertence, as crianças também têm poder e autoridade. Ele também aprende que é divertido brincar com crianças.

4 **Quem é o dono do brinquedo?**

O cão tem de aprender que todos os brinquedos pertencem aos humanos. No final da brincadeira, a criança deverá colocar o brinquedo de volta na caixa dentro do campo de visão do cachorro. Na mente do cão, isso enfatiza a autoridade da criança.

Brincar Com Seu Cão

Os cães precisam de estímulo físico e mental para ter um bom desenvolvimento. Eles também são inquisitivos e gostam da companhia dos humanos. Fazendo jogos construtivos com seu cão você poderá aliviar o seu tédio, controlar os saltos, que fazem parte do seu comportamento natural, e reduzir atividades destrutivas. Controlando o jogo, você reforça sua autoridade sobre ele.

Jogos de frisbee

Apanhar um frisbee no ar e devolvê-lo ao dono é um jogo empolgante para cães saudáveis e ativos, mas às vezes exigem demais do organismo do animal. Pode ser prejudicial e até perigoso para cachorros idosos ou obesos.

Brincando com bola

Pegar e largar é um jogo simples que testa as reações e a obediência do cão. Atire a bola para um local afastado do cachorro e nunca diretamente para ele, o que é perigoso. Não use bola muito pequena, que poderá descer pela garganta quando o cão for pegá-la.

Informações adicionais

O jogo é a recompensa

Reforce ordens como "Vem", "Senta" ao longo da brincadeira, usando o próprio jogo como recompensa. Se outras pessoas tomarem parte nos jogos, o cão aprenderá a apreciar a companhia de todos os humanos.

Usando brinquedos

Depois das brincadeiras, guarde os brinquedos numa caixa. O cão aprenderá que os brinquedos pertencem a você e que ele só poderá brincar com eles sob as suas regras, o que os torna ainda mais desejáveis.

Seguindo um rastro

Muitos cães, especialmente os caçadores, apreciam a concentração mental de farejar um rastro. Crie uma trilha para ele caminhar no mato, deixando um petisco no final do percurso.

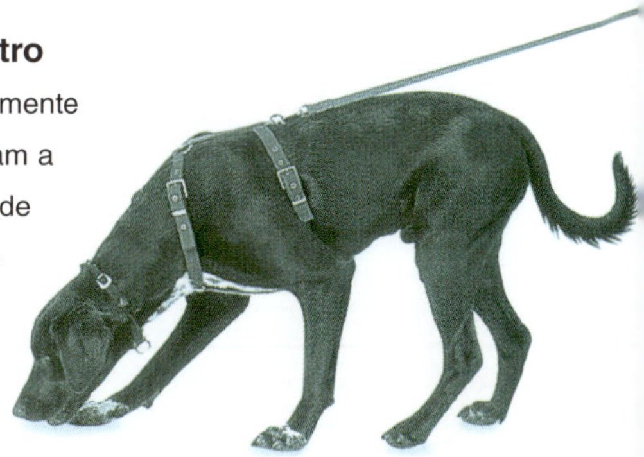

Cabo-de-guerra

Não brinque de cabo-de-guerra antes que o cão aprenda a largar um objeto ao receber a ordem *(ver pág. 94)*. Use sempre brinquedos reforçados, feitos especialmente para esse fim. Nunca faça jogos de morder com cães bravos ou possessivos, porque eles poderão reagir com agressividade.

Corrida

Cães saudáveis precisam de muito exercício. Adestrar o cão para se manter junto de você quando estiver fazendo sua corrida habitual é divertido e fisicamente estimulante.

Agility

O adestramento para agility pode ser muito divertido para você e seu cão, não importando seu tamanho, raça ou idade. Ele aumenta a confiança de cães tímidos, torna os hiperativos mais cuidadosos e ensina os desajeitados a lidar com suas próprias patas. Esse adestramento começa quando o animal está física e mentalmente maduro e obedece sem hesitar as ordens do treinamento básico.

Guie pelo exemplo

Mostre ao cão o que você quer que ele faça. Segurando a guia curta, caminhe passando por cima dos obstáculos baixos. Devido ao pequeno comprimento da guia, o cão não terá como evitar o salto sobre eles. Preste atenção para manter a mão que segura a guia bem no meio do pescoço.

Saltando obstáculos

O cão deverá aprender a saltar sobre uma variedade de obstáculos. Use a mão para ajudar o cachorro a passar por cima de um obstáculo feito com uma vassoura sem cabo. Mantenha-se ao lado do cão, dê a ordem "Pula" e atice-o oferecendo um petisco.

Exercícios essenciais

Comece devagar

Inicialmente o cão pode ter a impressão de que esses exercícios implicam em algum perigo. Comece com ordens fáceis e apenas caminhe, sem pressa. Quando o cão adquirir confiança, vá aumentando a complexidade e a velocidade.

Coleiras e guias

Use uma coleira simples, com fivela, e uma guia curta, de 30 a 45 cm de comprimento. Ela será suficiente para segurar o cão e não irá atrapalhá-lo durante os exercícios.

Evite o estresse

De início os obstáculos devem ser baixos para não causar um estresse desnecessário. A altura não deve exceder a metade da altura entre o chão e os ombros do animal. Nunca force o cão: o objetivo é diversão, não medo.

Tração

Evite pisos escorregadios. Coloque um tapete de borracha na entrada e saída dos obstáculos. Corte o excesso de pelos das patas e apare bem as unhas. Molhar as patas do cão também aumenta a tração.

Mesa de pausa

Ensine o cão a subir numa mesinha baixa, que fará o papel da mesa das competições. Dê o comando "Deita", faça com que ele permaneça na posição por dez segundos e, em seguida, dispense-o do exercício.

O dono no fim do túnel

Enquanto duas pessoas seguram o túnel, mande o cão entrar por trás e fique esperando na saída. Atraia o cachorro chamando seu nome e fazendo com que ele o veja. Quando treinar o animal pela primeira vez, enrole o excesso de tecido e deixe o túnel reto para ele poder vê-lo claramente.

Informações adicionais

Faça você mesmo

Alguns paus distantes 60 cm uns dos outros podem substituir a peça especial para o slalom. Uma tábua de 2,50 metros, com 1 1/2 vez a largura do cão pode servir de passarela. Um latão de lixo sem o fundo pode ser o túnel.

Competições

Se tanto você quanto seu cão gostam de agility, pense na possibilidade de se filiar a um clube especializado, onde haverá instrutores experientes e todo o equipamento de acordo com as especificações do Kennel Clube.

Treinamento coordenado

Peça a um amigo para ajudá-lo a adestrar seu cão. Assim, durante o exercício de andar na passarela, por exemplo, você ficará de um lado e seu ajudante do outro, diminuindo a probabilidade de o cão pisar em falso.

Controle é essencial

É preciso ensinar o cão a pular corretamente e não apenas saltar o obstáculo o mais rápido possível. Por isso, é essencial você ter um bom controle básico sobre o cão antes de começar a treinar agility.

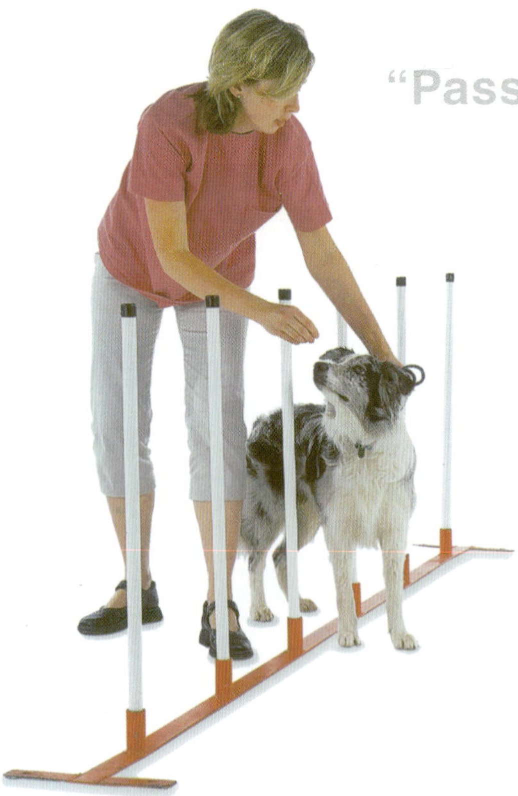

Ensinando o slalom

Segurando a guia curta com a mão esquerda e com um petisco na direita, guie o focinho do cão para fazer o vaivém entre as varas, usando movimentos de mão e o comando "Passa". Bloqueie as entradas entre as varas com os pés para que o cão tenha apenas uma passagem obrigatória.

O slalom

Quando corretamente adestrados, os cães adoram fazer o ziguezague entre as varas. Todavia, verifique se a distância entre elas é adequada não somente para o tamanho do cachorro, mas também para a sua idade e flexibilidade.

Nunca force

Se o cão se mostrar temeroso ou inseguro diante de um obstáculo, use um petisco para convencê-lo a saltar ou passar. Deixe que ele vá adquirindo confiança dentro do seu próprio ritmo e sempre recompense o progresso.

Velocidade por último

A velocidade só deverá ser introduzida quando o cão estiver totalmente confiante e vencer corretamente todos os obstáculos. A velocidade tem de ser balanceada pelo condutor para o cão fazer todo o circuito sob o seu comando.

Apoio manual

Com a mão direita na coleira, use a esquerda para fazer com que as patas traseiras não saiam da tábua. Se tiver um ajudante, ele guiará as patas traseiras enquanto você atrai o cão para a frente com um petisco.

"Rampa"

Andando na passarela

Segure a coleira para manter a cabeça do cachorro voltada para a frente e para cima enquanto você o atrai com um petisco colocado bem diante do seu focinho e dá o comando "Anda". Preste atenção para fazer o cão andar bem no centro da tábua.

Treinando na rampa-A

Depois de bem seguro na passarela, passe para uma rampa antiderrapante em forma de A, que de início deverá estar pouco inclinada. Usando o comando "Rampa", faça-o subir na tábua. Preste atenção: ele deve ir até o fim do vermelho antes de saltar para o chão. Aumente a inclinação aos poucos.

Jogos de Pegar

Apanhar coisas no ar são uma brincadeira natural para todos os cães, mas alguns não se mostram muito atraídos por ela. Mesmo assim, aprenderão com facilidade a prestar atenção no objeto, segurar com a boca e depois apanhar no ar. Cuidado, porém: esses jogos não são competições de salto. Os saltos espetaculares podem causar danos à boca, aos ligamentos e às articulações do seu cão.

1 Treinar para abocanhar um objeto é o adestramento básico de obediência. Adestre quando o animal estiver alerta e faça sessões curtas. Para que o objeto que será lançado se torne mais desejável, antes brinque e seduza o cão com ele. Atraia sua atenção mostrando o brinquedo, leve e macio, e dê o comando para sentar.

2 Depois de conseguir a atenção do cachorro, ensine-o a segurar o objeto na boca. Com as duas mãos, role delicadamente o brinquedo na boca do cão. Ao fazê-lo, dê a ordem "Pega". Nessa primeira etapa, o cachorro está apenas aprendendo a pegar diretamente da sua mão.

Informações adicionais

Aumente a dificuldade
À medida que a aptidão do cão for evoluindo, aumente a distância entre você e ele. Use sempre um brinquedo macio, leve e suficientemente grande para não ser engolido. Nunca use objetos que poderão machucar a boca.

Variações
Depois que o cão aprender a pegar um brinquedo, apresente-lhe outros objetos. É possível que você tenha de voltar para o adestramento básico para que ele considere os novos objetos tão desejáveis quanto o antigo.

Elogios
Lembre-se sempre de empregar um tom de voz vibrante e recompensar com linguagem corporal. Os cães parecem mais orgulhosos de seus feitos quando recebem uma torrente de elogios de seus donos.

Saber atirar
Para o cão pegar bem, você precisa atirar bem, por isso pratique sua mira. O movimento de baixo para cima é mais fácil para o cão do que se você atirar de cima para baixo. Cuidado para não jogar o objeto alto demais.

3 Quando o cão aceitar de bom grado tirar o objeto de suas mãos e não deixá-lo cair, aumente a distância uns poucos centímetros. Para evitar que o cão solte o objeto, torne-o mais desejável brincando um pouco de cabo-de-guerra depois de cada exercício bem-sucedido.

Competições Caninas

Existe uma ampla variedade de competições, abrangendo desde beleza até aptidão para determinados trabalhos. A exposição de cães com pedigree tem como base os padrões de perfeição física de cada raça. As competições de aptidão envolvem atividades como caça, corrida, rastreamento, pastoreio, obediência e agilidade (agility), entre outras, com níveis crescentes de dificuldade.

Cães de caça

A natureza dócil e o forte instinto de busca dos cães de caça são empregados em variadas competições de localizar, assustar ou buscar aves abatidas. O adestramento desses cães deve ser feito por um especialista.

Agility

O corpo ágil e a mente rápida dos cães de pastoreio fazem com que eles atinjam o grau de excelência nas competições de agility. Entretanto, cães de qualquer raça, inclusive mestiços e vira-latas, podem participar desses torneios. Veja nas páginas 104-107 mais detalhes sobre o adestramento de agility.

Entre Cães e Gatos

A maioria dos cães adultos gosta de brincar com seus semelhantes se fizeram isso quando eram jovens. As fêmeas sempre se mostram mais dispostas a brincadeiras, enquanto os machos são mais territoriais e têm tendência para brigar. Os primeiros encontros entre cães devem acontecer em território neutro. Tome cuidado, porque aumentar a pressão na guia pode provocar agressão.

Encontros em territórios neutros

Combine reuniões com outros cães onde cada um estará com sua própria guia. Deixe-os investigarem uns aos outros, mas preste atenção para evitar um contato visual agressivo. Ao primeiro sinal de agressividade, vire a cabeça do seu cão para outro lado e ofereça-lhe um brinquedo para distraí-lo.

O sexo oposto

As brigas são menos prováveis entre cães de sexo diferente do que entre os de mesmo sexo. Quando seu cão já tiver se encontrado com outros animais sem problemas, sejam do mesmo sexo ou não, comece a permitir que eles se encontrem por entre as grades do jardim.

Informações adicionais

Conflitos de propriedade

Evite brigas por causa de ossos e outros objetos ocultando-os ou dando-os em cômodos separados. Os cães naturalmente cobiçam o que o outro tem, mesmo que se trate de objetos idênticos. Ossos e acessórios de roer são os que causam maiores conflitos.

Conhecendo gatos

Os primeiros encontros de cães com gatos devem ser supervisionados pelos donos. Se o gato estiver sozinho, dê um jeito para impedi-lo de fugir porque assim o cão não irá sair correndo atrás dele.

Atendendo os comandos

Controle seu cão com ordens verbais e linguagem corporal enquanto ele estiver brincando com outros cachorros. Quando você quiser ir embora, use sinais com a mão e comandos verbais para fazer o cão sentar, depois vá para perto dele e prenda a guia na coleira.

O mesmo sexo

Preste bastante atenção quando cães do mesmo sexo e tamanho estão se encontrando. Lembre-se de recompensar seu cachorro com elogios verbais por cheirar e investigar o outro calmamente. Tome cuidado para não tensionar demais a guia *(ver pág. 137)*.

12345

Os Maus Hábitos

Não existe cachorro perfeito. Mesmo o cão mais doce, mais obediente e mais bem comportado acaba desenvolvendo alguns maus hábitos. Procure descobrir por que seu amigo canino está se comportando mal e, se possível, elimine a causa. A prevenção é sempre mais fácil do que a cura. O adestramento com o clicker, o acessório que emite estalos, é bom, mas exige um sincronismo muito exato. Os cães que destroem a casa quando ficam sozinhos não agem dessa maneira por vingança, mas porque estão entediados, frustrados ou sofrendo de ansiedade da separação. Alguns hábitos que consideramos desagradáveis fazem parte do comportamento normal dos cães e por isso são difíceis de sanar, mas o readestramento constante geralmente funciona. Entretanto, se seu cachorro já desenvolveu maus hábitos graves, procure a orientação de um adestrador profissional recomendado.

Procure Compreender

Para corrigir os maus hábitos, você primeiro precisa compreender como eles se desenvolveram. Alguns talvez sejam inaceitáveis, mas para o seu cão é o modo natural de se comportar. Quando surgir um problema, pergunte a você mesmo se o cão está percebendo que o comportamento dele o desagrada e avalie se o mau hábito pode ser redirecionado, por você mesmo ou por um profissional.

O cão parece satisfeito depois de realizar seu desejo de mastigar

Comportamento natural

Roer ossos é um comportamento canino natural. Mastigar um sapato com cheiro de gente pode ser natural para ele, mas é algo inaceitável para a família. Previna esse mau hábito nunca dando chinelos ou sapatos para o cão roer. Assim ele aprenderá a se restringir a objetos permitidos.

Comportamento destrutivo

Embora o comportamento destrutivo seja muito gratificante para os cachorros, os humanos o consideram inaceitável. Uma grande quantidade de brinquedos pode levar seu cão a destruir qualquer coisa que vê. Dê a ele apenas três ou quatro brinquedos, que não se pareçam com objetos caseiros.

Solucionando problemas

Aerossóis amargos

Um líquido amargo, mas não tóxico, pode ser facilmente encontrado nas pet shops. Para impedir seu cão de roer objetos impróprios, mas que são atraentes para ele, como sapatos, por exemplo, aplique esse produto nos objetos.

Confinamento

Se o cão vive roendo coisas, adestre-o para ficar fechado em uma gaiola quando estiver sozinho em casa *(ver pág. 44)*. Sempre deixe na gaiola alguns brinquedos para morder de modo que haja uma válvula de escape

para um comportamento natural. Talvez você não veja a gaiola com simpatia, mas para o cão que foi adestrado para passar algum tempo dentro dela quando ainda era filhote, a gaiola é uma toca especial, só dele.

Brinquedos seguros são os comestíveis ou indestrutíveis

O cão sabe que um dedo levantado significa "Não"

Mastigando por satisfação

Os cães ficam conhecendo o ambiente onde estão por meio da mastigação. Muitos cachorros adoram roer objetos, rasgar jornais e até arrancar o papel de parede. Esse desejo de ser "criativo" tem de ser direcionado para objetos e atividades aceitáveis, como roer ossos ou acessórios próprios para isso.

Disciplina

É importante o cão entender qual comportamento é aceitável e qual não é. Só castigue quando você flagrar um mau comportamento e repreenda com um tom de voz severo. É importante castigar na hora porque, mais tarde, o cão não vai entender qual é o motivo da sua raiva.

Usando o Clicker

O adestramento com o clicker é diferente do adestramento tradicional, apesar de também serem empregadas recompensas comestíveis. Use os estalos somente para reforçar o comportamento desejado, assim o cão entenderá, quando ouvir aquele sinal, que seu comportamento está correto e que ele vai ganhar um petisco. O clicker é uma excelente ferramenta para eliminar maus hábitos.

1 Coloque um petisco sobre um capacho ou tapetinho e mande o cão para lá. No instante em que o cão chegar ao capacho e encontrar a comida, clique em recompensa. Em seguida, ponha outro petisco no capacho, mas não dê ordens. Repita o exercício dez vezes, ou até o cão ir para o capacho sozinho.

2 Quando o cão já tiver aprendido a ir sozinho para o capacho, use a palavra "Capacho", mas não coloque o prêmio. Só atire o petisco perto do capacho depois de dar o clique. Seu cão aprenderá que o clique indica o comportamento correto e o petisco é o prêmio. Lembre-se: se você usar o clique, terá de recompensar.

Informações adicionais

Clicando corretamente

Nunca use o clicker para atrair a atenção do seu cachorro. Ele serve exclusivamente para recompensar o comportamento correto no final do exercício.

O petisco vem depois do clique

O clicker só terá significado se o cão souber que, depois do estalo, vem um prêmio comestível. Mesmo que você clique na hora errada, dê o petisco logo em seguida.

Aprendizado rápido

Fique calmo e seja paciente. Dê tempo para o cão entender o que você está querendo depois de ter demonstrado o exercício. Ele cometerá erros, mas aprenderá rápido qual é o comportamento que merece o clique e o petisco.

Cuidado com as calorias

É melhor treinar quando seu cão está com fome e usar petiscos como atrativo, reservando os melhores para as respostas mais rápidas. Faça um ajustamento na refeição diária para acomodar essa dose extra de calorias.

“Deita”

3 Quando o cão aprender a ir para o capacho sem hesitar, ensine-o a deitar nele. Com um petisco e a ordem “Deita”, atraia o cachorro para a posição deitada sobre o capacho. Clique e dê o petisco. Repita várias vezes. Depois, espere o cão ir para o capacho e deitar sem dar a ordem “Deita”. Clique e recompense.

4 Após dez repetições, o cão deverá deitar sem a ordem verbal. Clique na hora que isso acontecer, não depois, pois o clique é a recompensa. Depois, atire o petisco para perto do capacho. O prêmio indica o final do exercício. Se o cão não deitar, diga “Errado”, vire as costas para ele e tente de novo.

Usando Interruptores

Os cães se concentram em uma única coisa de cada vez. Eu, por exemplo, ofereço um petisco quando tenho de dar uma injeção em um animal. O petisco interrompe os pensamentos do cão sobre estar em um lugar que o desagrada. Os interruptores de comportamento deslocam a mente de um ponto indesejável para outra coisa. Use esse artifício como diversão, não como uma arma.

A garrafa é atirada na caixa de hambúrguer

1 O cão reage instintivamente ao som e movimento. Uma garrafinha de plástico com pedrinhas em seu interior é uma distração ideal para uma situação indesejável. Carregue a garrafa no bolso e atire-a quando seu cachorro encontrar alguma coisa suja ou estragada, que ele vê como verdadeiro "tesouro".

2 Quando o cachorro se distrair com o barulho da garrafa, o comportamento indesejado será interrompido. Dê a ordem "Vem" assim que a garrafa cair no chão e recompense o cão com petiscos, afagos e elogios. Depois, o simples barulho da garrafa servirá de interruptor de comportamento.

Solucionando problemas

O ambiente que castiga

O cão não deve associar a garrafa-chocalho ou o jato de água com você. Guarde a pistola no bolso imediatamente depois de usá-la. O efeito do "castigo que vem do ambiente" ficará prejudicado se ele o vir com o objeto na mão.

Acessório antimordida

O cão usa a boca como nós usamos as mãos para tocar as coisas e recusar atividades. Se seu cachorro ameaça morder quando você está cuidando dele, use um objeto "antimordida". Pode ser um pedaço de mangueira de borracha que desviará sua atenção de maneira segura. A mangueira irá interromper o comportamento indesejado deslocando a mente do cão para uma coisa escolhida por você. E ensinará a ele que morder não vai impedir uma atividade que o desagrada.

A pistola de água lança um jato atrás das orelhas do cão

Outros interruptores

O objetivo do interruptor de comportamento é atuar com eficiência sem prejudicar seu cachorro. É muito importante que o cão não associe você ao instrumento. Pistolas de água são seguras, inofensivas e eficientes, especialmente quando o jato é dirigido para a parte posterior das orelhas. Use-a em silêncio, sem dar qualquer comando, e guarde-a no bolso imediatamente. Quando o comportamento indesejado for interrompido, chame o cachorro e recompense sua obediência.

Avalie o Temperamento

Os centros de recolhimento onde há cães para adoção apresentam uma alta incidência de devoluções, principalmente porque as pessoas escolhem o animal pela aparência e não pelo temperamento. Esses cães costumam ter problemas relacionados com a ansiedade de separação. Se você quer adotar um cachorro com mais de seis meses de idade, submeta-o a alguns testes para avaliar seu comportamento.

Nervosismo e medo de mãos

Peça para segurar o animal com guia frouxa. Você se aproxima pela frente, mantendo o contato olho no olho. O cão nervoso tenderá a recuar ou latir. Tente acariciá-lo sob o queixo e no dorso, falando calmamente com ele. Um cão que tem medo de mãos recuará, assustado.

Medo de estranhos

Mantendo o cão preso por uma guia frouxa, peça para um estranho examiná-lo. A reação do cachorro indicará quais serão os possíveis problemas que surgirão nas consultas a veterinários e nas sessões de higiene e tosa.

Informações adicionais

Medo de crianças

Segurando o cão com a guia frouxa, apresente-o a uma criança. Instrua a criança para evitar um contato visual direto com o animal. A reação do cachorro indicará se ele costuma ficar nervoso na presença de crianças.

Reação a veículos

Se você pretende fazer viagens de carro com o cão, avalie previamente suas reações fazendo um passeio curto de cinco minutos e deixando-o sozinho no carro por mais cinco minutos.

Reação a gatos

Se você tem gato em casa, apresente-o ao cão com muito cuidado. Para maior segurança, prenda o gato numa gaiola. O cão deverá aparentar curiosidade, mas se a reação for predatória podem advir problemas graves.

Outras sensibilidades

Alguns cães se assustam com ruídos fortes e outros se apavoram diante de uma visão inesperada, como a abertura de um guarda-chuva automático. Teste o cão em situações cotidianas que ele encontrará em sua casa.

Disposição para obedecer

Segure a guia e dê a ordem "Senta". Pela reação do cão você verá se ele teve algum adestramento de obediência. Se ele não obedecer, tente abaixar seu traseiro na posição sentada para avaliar seu potencial.

Possessividade

Segurando o cão pela guia, tire a comida da sua frente. Elogie-o e depois devolva a tigela. Se o cão não mostrar sinais de agressividade é porque ele não é possessivo em relação à comida.

Agressividade com outros cães

Apresente o cão a outro do mesmo sexo, de personalidade autoconfiante. Se o cão a ser adotado apenas cheirar o outro por curiosidade, é quase certo que não haverá problemas em futuros contatos.

Puxando a Guia

Esticar a guia ao máximo é o vício mais comum dos cachorros. Essa atitude pode ser causada por tédio, excesso de entusiasmo ou talvez seja a manifestação de um comportamento dominador. Em vez de ficar puxando a guia para trás, volte a adestrar o cão para aprender obediência básica *(ver págs. 50-55)* e andar junto *(ver pág. 88)*, e insista nos exercícios para solucionar problemas.

O problema

A solução

A mão puxa para trás uma vez, com firmeza, mas delicadamente

Quando o cão estica a guia

Às vezes, a própria guia estimula o cão a puxar. Por isso, é importante não usá-la como um objeto para medir forças. Não se permita entrar em uma queda de braço com seu cachorro. Em vez disso, pense por que ele está puxando e corrija-o.

1 Comece a caminhar com o cão à sua esquerda, segurando a guia com as duas mãos. Assim que ele começar a puxar, pare, deslize a mão pela guia, segure-a perto da coleira e puxe para trás até o cão ficar na posição "Junto" correta. Não puxe várias vezes, mas apenas uma, delicada, mas firmemente.

Solucionando problemas

Nada de brincadeiras

A maioria dos cães encara o passeio com a guia como a oportunidade perfeita para ter a atenção do dono e fazer tudo o que quer. Não permita que isso aconteça. Tente distrair o cachorro ou negue a recompensa que ele está querendo. Lembre-se de que, seja qual for a sua atitude quando o cão estiver tentando atrair sua atenção, nunca demonstre raiva ou irritação, porque isso significa que você está aceitando participar do jogo. A hora é de passear, não de brincar.

Mude os acessórios

Se a relação peso/força está desfavorável para você o melhor é fazer uma troca de acessórios, mudando de uma coleira comum para uma coleira de contenção *(ver pág. 69)*, o que facilitará controlar o cão.

CHAVE DE ADESTRAMENTO

"Senta"

O dono dá o petisco em recompensa

2 Quando o cão estiver na posição "Junto" correta, dê o comando "Senta". Espere o cão obedecer, depois comece a andar de novo, dando o comando "Junto". Esse procedimento deve ser repetido cada vez que o cachorro começar a puxar, até ele aprender a não fazer isso.

3 Quando o cão começar a andar junto corretamente, obedecendo a ordem com calma, recompense-o com um petisco. À medida que ele for se sentindo mais à vontade, vá aumentando gradualmente a distância em que deverá ficar "junto" durante a caminhada, antes de lhe dar o petisco.

Solucionando problemas

Pare

Pare de andar assim que os ombros do cão ultrapassarem sua perna, independente de ele estar ou não puxando a guia. Com calma, incentive o cachorro a voltar para a posição "Junto" correta. Ele logo aprenderá que não ganhará a recompensa se ficará sua frente e que o único modo de conseguir seu petisco preferido ou elogios é andando obedientemente ao seu lado, sem nenhuma tensão na guia.

Nada de guia comprida

Enquanto seu cão estiver aprendendo a andar junto, não use guia extensível. O uso desse acessório é o principal motivo de os cães aprenderem a puxar, porque eles logo descobrem que puxando têm mais liberdade.

Nada de ioiô

Quando o cão puxa, os donos automaticamente esticam os braços e com isso o cão descobre que ganha mais espaço. Evite essa brincadeira de ioiô : mantenha os braços junto ao corpo e pare assim que o cão começar a puxar.

As soluções

A guia permanece curta

Virando para trás

Quando o cão começar a puxar, use um elemento surpresa: vire rápida e imediatamente na direção oposta. A guia curta garantirá que ele irá segui-lo na direção certa. Lembre-se de elogiar o cachorro quando ele acompanhar seu movimento.

Sinais de mão

Sempre que o cão fizer menção de acelerar, dê o comando "Espera" em um tom de voz severo. Reforce a ordem pondo a mão direita na frente do focinho, enquanto segura a guia firmemente com a mão esquerda. Afrouxe a guia antes de voltar a andar.

Ande para trás

Assim que o cão começar a puxar a guia, pare e comece a andar para trás, de modo a afastá-lo de onde ele está querendo ir. Permaneça imóvel até o cachorro fazer contato visual com você e estar ao seu lado ou atrás de você. Quando isso acontecer, dê-lhe um petisco ou um elogio verbal e comece a andar para a frente de novo.

É bom ficar junto

Faça com que o cão entenda que ficar junto de você é gostoso. Se ele souber que seu bolso contém petiscos saborosos ou um brinquedo que receberá se obedecer, ele vai querer permanecer sempre ao seu lado.

Não se incline

Mantenha as mãos perto do corpo e os cotovelos abaixados. Evite inclinar-se sobre o cão, como se fosse uma figura ameaçadora. A ideia é o cachorro aprender a trabalhar para você e não você para ele.

O petisco prende a atenção do cachorro

Resistência sem mãos

Mantendo a guia presa na coleira, enrole-a em torno da sua cintura. Segure-a frouxamente com a mão esquerda e, com a direita, mantenha o cão na posição "Junto" usando um petisco, um brinquedo ou ordens verbais como incentivo.

A guia como peitoral

Para aumentar o controle sobre os movimentos do cão, transforme a guia em um peitoral enrolando a extremidade livre em torno do peito. Isso também diminuirá a tensão no pescoço do cachorro quando quiser trazê-lo de volta à posição "Junto" *(ver pág. 88)*.

Recusando-se a Vir

Descubra por que seu cão está relutando em vir antes de repetir o adestramento *(ver pág. 74)*. Os motivos podem ser vários: não se formou um vínculo entre vocês, ele está querendo brincar, exibir um comportamento dominador ou sente medo da guia, entre outros. Nunca chame o cão para junto de você com a intenção de fazer algo que ele considera desagradável, como tomar banho.

O perfume é pulverizado abaixo do focinho do cão

O cão ignora o chamado do dono

Obstrução do faro

Se o cão é um farejador obsessivo, pulverize um pouco de perfume sob o seu focinho. Isso obstrui a sensibilidade do faro por algum tempo, impedindo que o cão se distraia facilmente. Remexer no lixo é uma atitude que pode ser controlada com uma guia comprida ou uma focinheira.

Desobediência

Os cães podem se distrair com qualquer cena. Varie os locais de passeio, pois eles podem ser obedientes em um lugar e desobedientes em outro. Atraia sua atenção chamando-o pelo nome em um tom entusiasmado, em seguida dê o comando "Vem" e a recompensa quando ele chegar.

Outras precauções

Comando
Só dê a ordem "Vem" quando você puder reforçá-la. Depois do adestramento completo em casa, passe para áreas ao ar livre, usando de início a guia comprida ou a extensível. Leve sempre brinquedos e petiscos para dar como prêmio.

Recompensas finais
Mostre-se entusiasmado ao chamar o cão e não economize elogios quando ele obedecer. Varie o final da sessão, às vezes dando a ordem de sentar para prender a guia. Recompense antes de voltar para casa.

Medo da guia
Nunca use a guia para castigar o cão. Não o puxe pela coleira porque ele poderá achar que você está querendo brincar. Lembre-se de que segurar muito pela coleira pode acabar causando medo das mãos.

CHAVE DE ADESTRAMENTO

Vindo Para Você	50
Ao Ar Livre	52
Senta e Fica	72

Distração sexual
Mesmo que o cão esteja entendendo suas ordens, ele pode ignorá-las por causa de uma investigação sexual. Cães castrados são menos interessados em sexo e voltam mais facilmente quando chamados.

Recompensando a obediência
Reforce o comando "Vem" segurando o cão pela coleira e dando-lhe um petisco. Se necessário, use prêmios como um petisco ou seu brinquedo predileto para atraí-lo.

Hora de brincar
Dê ao seu cão o prazer de brincar com outros cachorros, mas fique sempre de olho no seu comportamento. Dê o comando "Vem" se a brincadeira estiver se tornando muito tumultuada.

Perseguindo Veículos

O desejo de correr atrás de uma presa faz parte do comportamento canino natural e varia entre raças e entre indivíduos. O instinto é estimulado pelo movimento e se reforça quando outros cachorros se juntam à perseguição. É possível controlar esse comportamento, mas ele jamais será totalmente eliminado. Não permita que seu cão se envolva nessa perseguição, porque pode pôr sua vida em perigo.

O problema

Perseguindo

A visão de um ciclista ou de um carro em movimento estimula os cães a saírem correndo atrás deles. Como são pouquíssimos os ciclistas e motoristas que param ao serem perseguidos, o cão fica muito satisfeito consigo mesmo e tem certeza de que foi bem-sucedido na sua empreitada.

A solução

Uma surpresa molhada!

Peça a um amigo para passar de bicicleta perto do cão. Quando este começar a persegui-lo, o ciclista deverá parar subitamente, espirrar água no cachorro enquanto ele ainda está correndo e dizer um "Não" com firmeza.

Características das raças

Grande resistência

Raças provenientes da região ártica, como huskies e outros cães de trenó são mais vagarosas do que cães de corrida, mas possuem uma resistência incrível e podem perseguir sua presa por longas distâncias.

Vagaroso, porém exato

Os hounds e outros cães de caça, como pointers, setters e retrievers, que se guiam pelo faro, têm menor propensão para correr do que outras raças.

Feitos para a velocidade

Os cães de corrida são perseguidores natos e extremamente velozes. Já os terriers também são perseguidores instintivos, mas têm pernas curtas e não conseguem correr com grande velocidade.

CHAVE DE ADESTRAMENTO

Exercícios para a solução

1 Encarregue um amigo ciclista de passar perto do cão. Enquanto a bicicleta avança vagarosamente, mande o cachorro sentar, segurando um petisco na outra mão. O cão deverá estar sempre preso na guia, seja curta ou comprida. Ele nunca poderá ter a oportunidade de ser bem-sucedido na perseguição.

2 Recompense o cão com o petisco por ter obedecido ao comando de sentar enquanto o ciclista passava. Repita o exercício até ele obedecer sem hesitar, mesmo diante do aumento da velocidade da bicicleta. No final do exercício, recompense o cachorro com seu brinquedo preferido.

Perseguindo Animais

Por milhares de anos os cães sobreviveram perseguindo e caçando outros animais. Os humanos conseguiram diminuir esse instinto natural por meio da criação seletiva, mas ele continua intenso em certas raças e pode gerar graves problemas. Se você tiver qualquer dúvida sobre sua capacidade para corrigir esse comportamento, procure a orientação de um adestrador profissional.

O problema

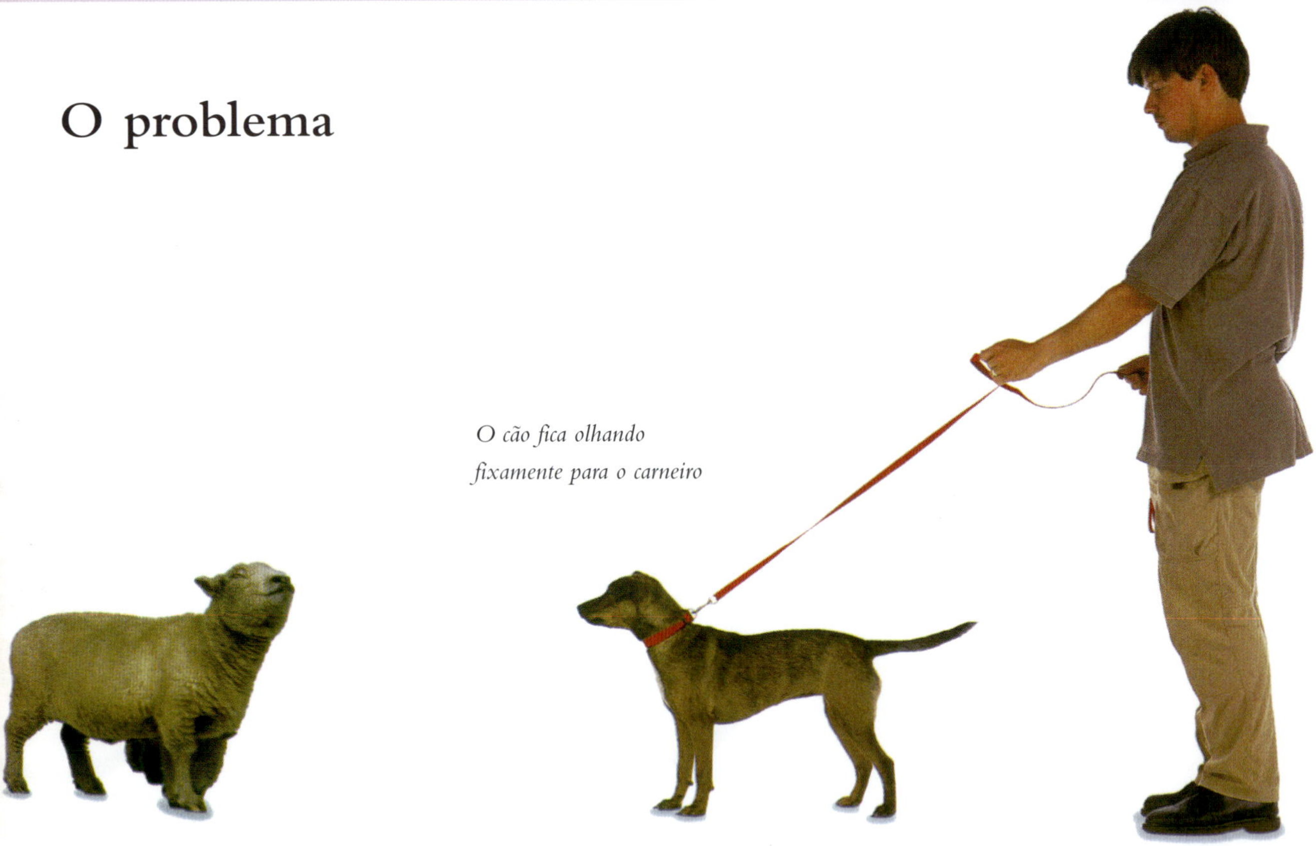

O cão fica olhando fixamente para o carneiro

Perseguindo animais de criação

Se o seu cão não teve oportunidade de se socializar com outras espécies de animais quando era jovem, pode haver problemas quando ele se deparar com possíveis presas. Este cachorro mantém os olhos fixos no carneiro, mas, com a guia, está sob controle do dono. O cão nunca deve andar sem guia nas áreas rurais, a não ser que você saiba, por experiências anteriores, que ele não tem o instinto de perseguir outros animais. Essa é uma precaução que você deve tomar sempre que seu cão encontrar outras espécies.

Solucionando problemas

Competição

Um animal que já vive na sua casa, um gato, por exemplo, pode ficar enciumado com um recém-chegado. Diminua esse risco alimentando os dois ao mesmo tempo nos lados opostos de uma porta fechada ou pondo a tigela do cachorro no chão e a do gato em um nível mais alto. Recompense o cão com elogios verbais e carícias quando ele se comportar bem diante do gato. Se o cão não tiver instinto predatório ou personalidade dominadora em relação ao gato, este acabará dominando.

Vida selvagem

Informe-se sobre a legislação relacionada com pequenos animais que costumam visitar as áreas verdes. Os esquilos, por exemplo, não devem se tornar uma obsessão para o seu cachorro.

Instinto predador

Todos os cães têm instinto predador e a maioria deles acha que caçar outras espécies é extremamente gratificante. Todavia, essa característica não deve ser encorajada porque pode ser perigosa e ir contra a lei.

A solução

1 O objetivo deste exercício é canalizar o instinto de perseguição do cachorro para uma atividade passível de ser controlada. Experimente com brinquedos diferentes para descobrir de qual deles o cão gosta mais. Brinque de puxar vigorosamente o objeto do cachorro antes de começar a atirar.

2 Em um local tranquilo e sem distrações, de preferência ao ar livre e com o cão preso em uma guia comprida para você manter o controle, atire o brinquedo para longe, mas fique com outro objeto, também desejável, ao seu lado. O cão correrá instintivamente para o brinquedo que foi atirado.

Solucionando problemas

Procure orientação

Se o cão persegue animais de criação, você terá de procurar um profissional para pôr um fim nesse comportamento. Perseguir ou caçar animais de criação é contra a lei e o proprietário tem todo o direito de matar seu cachorro.

Guia comprida

Se o cão tem mania de correr atrás de outros animais, use sempre a guia comprida para controlar suas brincadeiras e fazê-lo desistir da "caçada". É melhor errar por excesso de cautela ao soltar seu cão numa área ao ar livre.

Pavor

Muitos animais silvestres, quando perseguidos, acabam morrendo de pavor e não pelos ferimentos causados pelos cães. Uma correria muito divertida para seu cão pode significar um estresse mortal para o outro animal.

Perigo

O cão que está perseguindo um animal não presta atenção no que se passa à sua volta e pode atravessar uma estrada movimentada sem perceber. Nessa situação, ele não ouve o chamado do dono e se expõe a grandes perigos.

3 Antes de o cão alcançar o brinquedo, chame-o pelo nome e dê o comando "Vem" *(ver pág. 74)*. Seja bem exagerado ao chamá-lo e acene com o brinquedo para atraí-lo. Depois, brinque com o cachorro e elogie-o bastante.

4 Caminhe até o brinquedo atirado e pegue-o do chão segurando o cachorro para trás com a guia. O cão aprenderá que você é o dono do brinquedo que ele persegue. Repita as etapas 2 a 4 em ambientes cada vez mais estimulantes.

Bons amigos

Cães e gatos gostam de ficar juntos se aprenderam a conviver desde muito jovens. Sempre que possível, apresente-os um ao outro quando o cão estiver com menos de doze semanas e o gato com menos de sete semanas. Se um dos animais é bem mais velho, dê permissão para ele cheirar o recém-chegado. Os primeiros encontros devem ser sempre supervisionados e o cão tem de ser impedido de perseguir o gato.

5 Quando o cão estiver bem adestrado para não perseguir qualquer coisa sem receber a sua permissão, brinque de atirar e buscar na presença de animais de criação. Jogue o brinquedo na direção oposta ao outro animal e incentive o cachorro a ir buscá-lo. Com esse jogo, logo você conseguirá controlar o instinto de perseguição.

Agressivo Com Cães

A agressividade do cão dominador geralmente é dirigida a outro do mesmo sexo. Essa característica é mais forte nos machos do que nas fêmeas e tem maior probabilidade de ocorrer quando o cão está no seu próprio território. Alguns cães são apenas antissociais, mas a causa mais comum da agressividade está relacionada com os hormônios sexuais. A castração precoce pode aplacar esse comportamento.

Sinais de agressão

Latir loucamente é uma preliminar do ataque

Contato visual

Você deve intervir imediatamente no instante em que seu cão fizer contato visual com um adversário em potencial. O rabo levantado e uma intensa concentração são indicadores de que poderá acontecer uma briga.

Um feroz desafio

Cães dominadores e agressivos não estão para brincadeiras. Na maioria das vezes, a briga é precedida de rosnados e postura corporal agressiva. Se um dos cães não desistir nesse momento, ela vai acontecer. Durante a briga, o cão irá morder qualquer um que interferir, inclusive o seu dono.

Prevenção

Evitando problemas

Adestre seu cão para usar uma focinheira *(ver págs. 32 e 70)*. Ela não apenas impede fisicamente a mordida, como diminui a sensação de dominação do cão. Encare o uso da focinheira como algo positivo, pois mostra que você é um dono responsável. Olhe à sua volta quando estiver em um parque: o cão com focinheira não oferece qualquer perigo.

Ajuda profissional

A agressão a outros cães às vezes está relacionada com a falta de uma socialização precoce e continuada com outros cachorros. Ela é difícil de resolver e você talvez precisará procurar uma orientação profissional.

CHAVE DE ADESTRAMENTO

Entre você e o outro cão

Alguns cães defendem seus donos agressivamente. Ficar contido pela guia esticada entre você e o outro cachorro aumenta a agressividade. Se essa situação se repetir, ele acabará associando a guia esticada à agressão, mas poderá até não manifestar nenhuma animosidade quando estiver solto.

Síndrome da guia curta

A atitude de segurar o cão encurtando a guia quando o comportamento agressivo começa, só serve para piorar a situação. Puxar o cachorro para trás com toda a força aumenta sua agressividade. O certo é virar a cabeça do cão para impedir o contato olho no olho com o outro animal.

Informações adicionais

Castração dos machos

Embora as fêmeas sejam castradas para impedir a gravidez, algumas pessoas ainda relutam em castrar os machos, o que é um procedimento muito menos invasivo. A castração é uma operação muito simples.

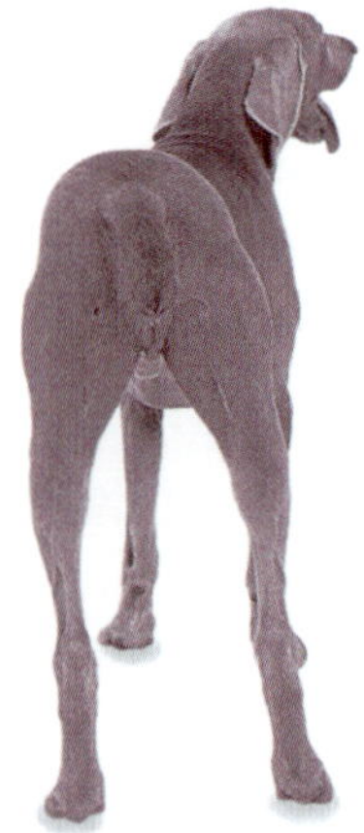

As soluções

Usando a distração

Quando você se defrontar com uma situação potencialmente agressiva, distraia o cachorro com seu brinquedo preferido e em seguida dê o comando "Senta". Não deixe de recompensar o bom comportamento.

1

Praticando o treinamento de chamada

Começando em um ambiente sem distrações, de preferência ao ar livre, pratique o treinamento de chamar o cachorro *(ver pág. 74)*. Com a guia comprida, adestre-o para vir em sua direção assim que ouvir a ordem e recompense-o com um brinquedo.

Com os semelhantes
Cães do mesmo porte, idade e sexo têm maior propensão de brigarem entre si do que com cães de tamanho, idade e sexo diferentes. Algumas raças, como os dobermans, têm mais tendência de brigar com os da mesma raça.

Agressão materna
Os hormônios femininos podem exacerbar a agressão materna. Durante os dois períodos de cio em cada ano, algumas fêmeas se tornam possessivas e irritáveis. A esterilização pode diminuir essa forma de agressão.

Agressão por temor
Muitos casos que aparentam ser um comportamento agressivo não passam de autodefesa. O cão está querendo que o outro vá embora e não pretende começar uma briga. Esse tipo de comportamento é mais comum em cachorros que não foram adequadamente socializados ou que tiveram uma má experiência anterior. Será melhor você procurar um adestrador profissional para ele ensinar o cão a se socializar com seus pares sem recorrer à agressão.

2 **Uma situação real**
Pratique agora em um local mais movimentado onde haja outros cães à distância. Recompense-o por não se mostrar agressivo. Ao longo dos dias vá diminuindo a distância dos outros cães e sempre recompense seu cão pelo comportamento tranquilo.

Agressivo Com Pessoas

A maioria dos cães não se incomoda em ser um subordinado da matilha e obedece as ordens de todos os membros da sua família humana. Todavia, alguns donos, sem perceber, acabam ensinando a seu cachorro que ele é o chefe da matilha. Há animais que, assumindo esse papel, podem recorrer até à agressão para se impor. Nesse caso, é preciso contratar um adestrador profissional.

A súplica por atenção deve ser ignorada

Nenhuma resposta

Não demonstre nenhuma afeição pelo cachorro. Para conseguir sua atenção, ele terá de fazer alguma coisa para merecê-la. Ignore-o até ele parar de fazer exigências, depois dê o comando para sentar e faça um carinho com a mão. O cachorro logo aprenderá que você está no controle.

Nada de conforto

Dê o comando “Fora” assim que o cão subir em sofás, poltronas e outros locais que são proibidos para ele. Use sempre a guia, mesmo dentro de casa, porque ela diminui o risco de mordidas e reforça o seu controle.

Informações adicionais

Cama ao ar livre
Um cão bravo e dominador não pode ficar sem guia em casa. Ele deve dormir numa área externa, sem abrigo. Os cães sentem-se seguros em suas "tocas" e a autoconfiança de um animal agressivo jamais deve ser estimulada.

O último a comer
Em uma matilha de lobos, nenhum membro se alimenta antes do chefe. Prepare a comida do cão, mas não lhe dê enquanto você não acabar de comer. Durante as semanas de readestramento, não dê petisco entre as refeições.

Exercícios de buscar
Repita muitas vezes o exercício de atirar e buscar objetos, porque ele é útil para ensinar ao cão que você é o líder do bando. Lembre-se de que, mesmo fora das sessões de adestramento, o cachorro deve usar a guia caseira.

Auxílio médico
A agressão de um cão dominador é um problema grave. Consulte seu veterinário, que poderá lhe ajudar sugerindo tipos de adestramento mais eficazes sob supervisão médica.

O cão contido obedece ao comando "Senta" sem hesitar

O último a sair
Não deixe o cão se atirar pela porta aberta à sua frente. O líder sempre é o primeiro e lembre-se de que você é o chefe da matilha. O cachorro tem de ajustar seu passo ao passo do dono.

Trato frequente
Escove o cão dominador pelo menos uma vez ao dia, sempre com guia e focinheira. E faça todo dia duas longas sessões de adestramento para deitar *(ver pág. 76)*, por três semanas seguidas, no mínimo.

Sem riscos
O uso de uma focinheira *(ver pág. 32)*, que manterá a boca do cão fechada, fará com que ele se sinta subjugado, diminuirá o risco de mordidas e o incentivará a atender aos seus comandos.

Mordendo por Medo

Embora a ameaça de morder de um cão assustado se assemelhe à agressão de um cão dominador *(ver pág. 140)*, elas têm causas diversas e exigem diferentes correções. O cão que morde por medo, ao contrário do cachorro bravo, se esconde atrás das pernas do dono. O problema geralmente resulta de socialização inadequada, mas pode ter origem genética, como acontece com os pastores alemães.

O problema

A solução

Agressão por medo

O cão que morde por medo costuma dar sinais contraditórios. Recua para perto do dono, abaixa-se e balança o rabo em submissão, depois avança, provocando o outro cachorro. Esse comportamento demonstra pouca autoconfiança, e será fortalecido se você exagerar ao impor sua autoridade.

1 Você precisará da ajuda de um amigo, apesar de um adestrador profissional ser mais adequado para essa tarefa. O adestramento deverá ser lento e cuidadoso. O cão deverá estar com a guia comprida e não pode ter sido alimentado antes do exercício. O amigo deve caminhar à frente, segurando um petisco.

Solucionando problemas

Fobia por cães

O medo de outros cachorros pode ser por falta de convivência com outros caninos ou à superproteção do dono quando o animal era filhote. Pode também ser consequência de sustos ou mordidas anteriores.

A solução

Combine com um amigo que tenha um cão tranquílo e leve seu cachorro para passear ao ar livre. Verifique qual é a distância a partir da qual ele começa a demonstrar medo do outro. Enquanto o cão se mantiver dentro desse círculo imaginário, recompense-o com petiscos e afeto por apresentar comportamento normal. A cada dia diminua a distância entre os dois até seu cão caminhar ao lado do outro sem medo. Esse tipo de readestramento geralmente leva de três a seis semanas.

Sem desafios

A maioria dos cães que mordem por medo gostaria mais de fugir do que de enfrentar. A incapacidade de fugir pode desencadear a reação de morder porque o cão acha que está com sua vida em perigo.

2 Permita que o cão se aproxime do ajudante e pegue o petisco que está na sua mão aberta. A pessoa não deve conversar com o cachorro nem olhar para ele. Em seguida, o ajudante se ajoelhará de costas para o cão, evitando qualquer tipo de contato visual.

3 Execute as etapas 1 e 2 várias vezes, depois repita-as com o ajudante virando ligeiramente o corpo na direção do cão, continuando a oferecer o petisco com a mão aberta. Ainda não deve haver nenhum contato visual entre os dois.

Solucionando problemas

Confiança

Cães que mordem por medo geralmente aprenderam por experiência a não confiar em humanos. Não existe um caminho curto para resolver esse problema. O processo requer tempo, esforço e paciência. Persevere.

Distância crítica

Todos os animais têm em torno de si um círculo invisível de proteção, dentro do qual eles se sentem seguros. Os cães que latem por medo são especialmente atentos a uma possível invasão no seu espaço de segurança.

Nada de reforço

Se um cão rosnar quando você se aproximar, pare e evite qualquer contato visual. Recue vagarosamente até o cão não demonstrar mais medo. Não diga algo como "Tudo bem", porque ele entenderá : "É certo rosnar!".

Linguagem corporal

Se você diminuir sua altura, ajoelhando ou agachando, conseguirá reduzir a percepção de ameaça para um cachorro medroso.

4 Depois de ter completado com sucesso o exercício anterior durante um período de vários dias, passe para um novo estágio. Repita as etapas 1 e 2 com seu ajudante ainda de joelhos, mas desta vez ele deve virar de frente para o cachorro enquanto oferece a comida, ainda sem olhar para ele.

5 Ande com seu cão na direção do ajudante, que permanece imóvel. Ainda evitando o contato visual, ele deve oferecer o petisco e, em seguida, recuar. Se o cão demonstrar medo nesta etapa, volte à etapa anterior e repita-a.

Nada de encarar

Evite o contato visual com um cachorro medroso. O olho no olho é visto por ele como uma situação de confronto.

Devagar

Todas as aproximações de um cachorro medroso devem ser calmas e vagarosas. Evite qualquer movimento brusco e voz alta. Esteja preparado para recuar até o cão amansar.

Sorriso

Uma expressão mais suave no rosto ajuda a tranquilizar um cachorro medroso.

Não se incline

O ato de inclinar-se sobre um cachorro pode preocupá-lo. Deixe o cão se aproximar de você no seu próprio ritmo. De início, recompense a confiança com petiscos, mas dê-lhe tempo para aprender a gostar de seu toque.

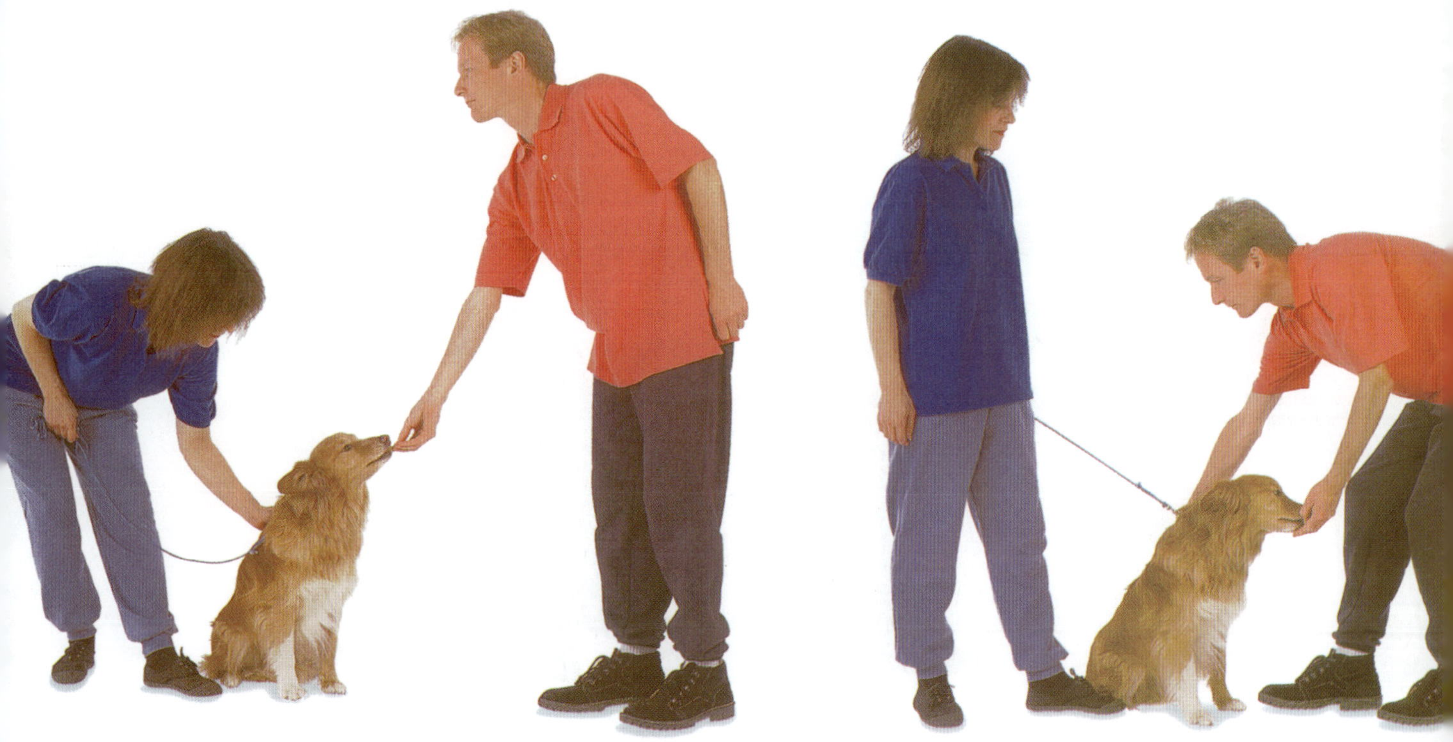

6 Caminhe na direção do ajudante e, quando o cão for pegar o petisco, elogie-o e acaricie-o no dorso. O ajudante ainda deverá evitar o contato visual, mas pode conversar baixinho com você. Provavelmente passarão várias semanas até o cachorro atingir esta etapa.

7 Quando o cão demonstrar confiança enquanto você o acaricia e o ajudante dá o petisco, passe para outra etapa. O ajudante deverá dar a comida e acariciar ele mesmo o dorso do cão. Após repetir muitas vezes, faça uma mudança. Ainda evitando contato visual, o ajudante deverá acariciar o cão antes de dar o petisco.

A Possessividade

Geralmente os cães dominadores apresentam sentimento de posse. Eles se vêem como chefe da matilha e decidem que são proprietários de brinquedos, tigelas de alimento e móveis. Evite problemas não lhe dando brinquedos e não permitindo que sente nos sofás e poltronas. Procure não dar sinais de afeto, mantenha o cão sempre com a guia e readestre a partir dos comandos básicos.

O problema

A tigela contém apenas arroz

A solução

O cão observa enquanto o dono adiciona comida gostosa à tigela

Protegendo a comida

Se seu cão costuma rosnar quando você se aproxima de sua tigela, tente este exercício. Não alimente o cachorro antes de começar o exercício e peça a um adulto para ficar segurando a guia. Ofereça ao cão uma tigela contendo uma pequena quantidade de comida sem graça, como arroz.

Estimule o apetite

Deixe o cão cheirar a comida sem graça. Enquanto ele está observando, adicione uma porção de alimento mais gostoso. Repita este exercício sempre que for alimentá-lo. Depois de vários dias ele começará a receber com prazer a sua visita à tigela de comida.

Solucionando problemas

Protegendo a comida

Se você colocar a tigela de comida em cima de um banquinho será mais difícil para o cão ficar de guarda ao lado dela. Esse artifício geralmente põe fim ao problema.

Protegendo brinquedos

O cão que guarda os brinquedos acha que é o seu dono e tem de aprender que só pode usá-los com seu dono verdadeiro. Terminada a brincadeira, guarde-os já. Nunca brinque de cabo-de--guerra com um cão possessivo.

Protegendo o dono

Se o cão é possessivo em relação ao dono, mantenha-o sempre na guia. Deixe alguns petiscos do lado de fora. Quando chegar visita, esta deve entrar com o petisco na mão. Dê ordem para o cão sentar e ficar. Diga à visita para não olhar para o cão, agachar-se diante dele e dar-lhe o petisco.

O problema

A solução

Protegendo os móveis

Cães dominadores escolhem seus próprios locais de descanso. Este cachorro escolheu uma poltrona e está de guarda, tomando conta dela e de um brinquedo, como se fosse seu dono. Nessa situação, nunca puxe um cão dominador pela coleira, porque ele tentará morder.

Patas fora!

Mantenha o cão com a guia o dia todo, o que lhe garantirá controle constante. Induza o cão a descer da poltrona dando o comando "Fora" e oferecendo um petisco em recompensa. No início, poderá ser necessário um pequeno puxão na guia.

Rivalidade Entre Cães

O ciúme e a rivalidade tendem a ocorrer entre cães do mesmo sexo, tamanho, idade e temperamento. Também existem raças com predisposição. Os dobermans, por exemplo, apresentam uma forte rivalidade entre irmãos. Os cães não gostam de compartilhar coisas desejáveis, por isso cada um deve ter sua própria cama e tigela de comida. Talvez seja necessário castrar o mais submisso.

Recompensas iguais para não provocar rivalidade

Discutindo sobre posses

Os objetos que mais provocam discussões entre irmãos de ninhada são os ossos. Evite o problema não oferecendo nunca esse tipo de comida ou dando um osso para cada um em cômodos separados. Não importa quantos ossos você dê para os dois juntos, um sempre vai querer o do outro.

Recompensas iguais

Se os cães têm personalidades similares e não existe uma clara indicação de qual deles é o dominador, dê comandos iguais, como "Senta", e recompense os dois ao mesmo tempo. Eles aprenderão a ser obedientes na presença um do outro.

Ciúme de um novo filhote

Apresentando o filhote

Embora a maioria dos cães gostem de ter outro cachorro em casa, de início pode haver algum ciúme. Dê muita atenção ao cão residente na presença do recém-chegado e ele logo associará o filhote a atividades agradáveis.

Permita o afastamento

Os filhotes têm uma energia inesgotável. O cão residente pode se cansar das estripulias do pequenino. Crie uma barreira qualquer para permitir que o mais velho fuja para relaxar ou coloque o filhote numa gaiola *(ver pág. 44)*.

Negligência cordial

Ignore o cachorro residente quando o filhote não estiver por perto. Assim ele aprenderá a associar a presença do cãozinho com uma atenção maior de sua parte.

Prazer para os dois

Alimente o cão residente e o filhote ao mesmo tempo, mas não permita o contato olho no olho entre eles. O mais velho deve receber alimento sempre que o cãozinho for comer, mas não aumente a quantidade: divida-a em porções menores.

Evite o contato visual

Diminua a rivalidade alimentando os cães ao mesmo tempo, mas voltados para direções opostas. Eles aprenderão que receberão a comida se comerem ao mesmo tempo sem brigar. A tigela do cão dominador deve ser a primeira a ser posta no chão. Fique tomando conta enquanto eles comem.

Cumprimente primeiro o dominador

Não existe democracia no mundo canino. Se você já tem indicações de qual é o cão dominador, reconheça-o cumprimentando o líder em primeiro lugar. Isso diminui a necessidade que ele tem de mostrar sua autoridade.

Problemas Com Sexo

Os problemas relacionados com a atividade sexual, como marcação com urina, fugas, guarda de território e briga com outros cães, ocorrem principalmente nos machos e são mais fáceis de controlar em cães castrados. Criar um cão já pensando em sexo pode resultar em um comportamento excessivamente sexual na idade madura. A esterilização de fêmeas dominadoras intensifica esse comportamento.

O problema

O cão agarra o tapete e movimenta a pelve

As soluções

Um jato de água inesperado distrai a atenção do cachorro

Montando em coisas

Se um cão é frustrado em suas tentativas de montar cadelas, ele vai se voltar para brinquedos de pelúcia, almofadas ou tapetes. Esse comportamento é normal, mas perturba as pessoas e causa estragos.

Interrompa o comportamento

Quando o cão começar a movimentar a pelve, dê a ordem "Fora" e lance um jato de água, para ele desconcertante. Seu cão pode estar entediado e frustrado, por isso ofereça mais atividades física e mental.

Isolamento e descaso

Se o cão tentar montar em uma pessoa ou coisa, diga "Não", prenda a guia e puxe-o para um lugar onde ficará isolado por um minuto. O isolamento e o descaso só devem durar curtos períodos de tempo.

Solucionando problemas

Castração

Se você não pretende usar seu cão como reprodutor, converse com seu veterinário sobre as vantagens da castração. Ela não afeta a personalidade do animal. Apenas diminui o surgimento de problemas sexuais.

Cão não castrado

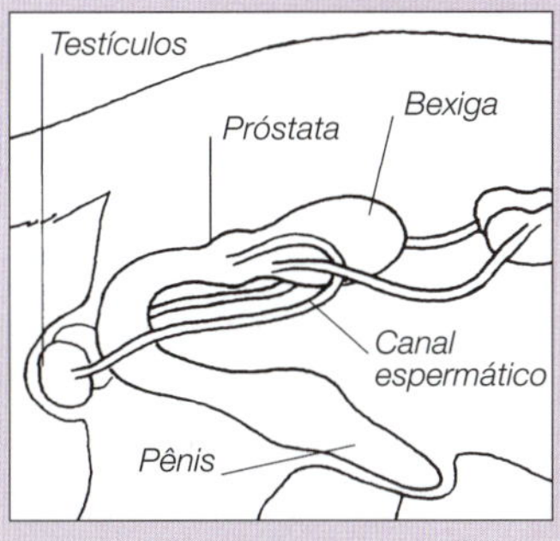

Cão castrado

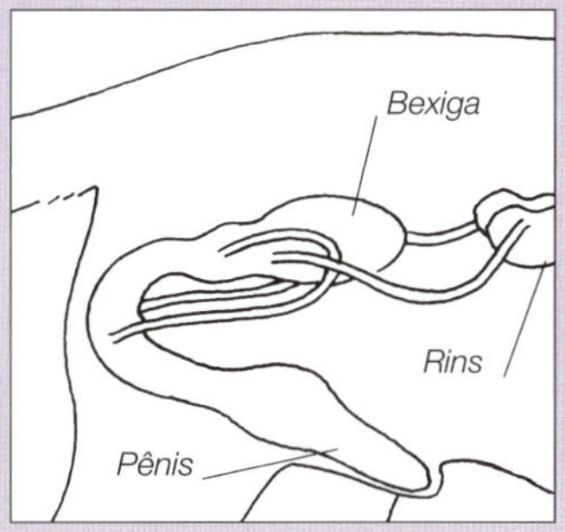

Procurando atenção

O ato de montar nas pernas do dono nas horas mais inadequadas começa como uma maneira de chamar a atenção. Esse problema exige uma correção rápida e firme, porque se vier a se tornar um hábito será difícil de corrigir.

Um brinquedo de puxar é uma boa distração

Distração

Passado um minuto, vá buscar o cão, mas ignore-o por alguns minutos. Depois, dê a ordem de sentar, ofereça uma recompensa e brinque com ele. Lembre-se de que, se os cachorros montam, é porque estão precisando de estímulos mentais e físicos. Procure proporcionar-lhe mais exercícios.

Montando nas visitas

Alguns cães montam nas visitas para conseguir atenção, mas outros aproveitam porque não têm permissão para agir assim com os membros da família. Prenda a guia no cachorro e feche-o em outro cômodo até a visita ir embora. Você pode também usar o isolamento e o descaso.

Etiqueta a Bordo

Alguns cães adoram andar de carro tanto pela emoção do passeio como pela probabilidade de irem a algum lugar para brincar com outros cães. Outros odeiam porque o movimento do carro lhes causa tontura e enjoos. Tente fazer passeios curtos com frequência para acostumá-lo com o movimento do carro. Só repreenda o animal se ele quiser defender o carro como se fosse seu território.

Atitude destrutiva

Se ficar sozinho no automóvel, o cão poderá raspar o assento até rasgá-lo e expor o enchimento para mastigá-lo. Pulverize os bancos e os cintos de segurança com uma substância amarga, não tóxica *(ver pág. 31)*, e leve um brinquedo para o cachorro roer enquanto está no carro.

Excesso de latidos

Se o cão é barulhento e late demais no carro, alguém deve sentar ao seu lado e ordenar que ele fique quieto, quando necessário *(ver pág. 82)*. Uma focinheira também ajuda a impedir o excesso de latidos.

Informações adicionais

Começando a viagem

Atraia o cão para dentro do carro com um brinquedo ou comida (se ele não sofre de enjoos). Entretanto, tome cuidado para não excitá-lo demais antes da partida, para que ele fique mais tranquilo durante a viagem.

Limpeza fácil

Se o seu cachorro baba ou vomita devido ao movimento do carro, não o alimente antes da viagem. Forre os bancos e tapetes com jornais ou toalhas velhas. Assim o carro ficará protegido e a limpeza será bem mais fácil.

Carros podem matar

Nunca deixe o cachorro sozinho dentro do carro em dias quentes. Mesmo estacionar na sombra e deixar uma fresta do vidro aberta não é uma solução segura. Os cães têm um controle deficiente da temperatura corporal e podem ser vítimas de ataques fatais. Pelo mesmo motivo, o cachorro não deve ficar sozinho dentro de um carro com o aquecimento ligado.

Um segundo lar

Antes da saída, faça o cão entrar no carro e coloque perto dele um brinquedo e uma tigela de comida porque assim ele associará a viagem de carro com atividades agradáveis. Retire a tigela antes de partir.

Controle simples

A focinheira previne o comportamento destrutivo. Amarrar a guia no prendedor do cinto de segurança é um bom meio de restringir os movimentos do cão. Existem à venda cintos de segurança especialmente projetados para cachorros.

Persianas

Uma persiana colocada na janela do carro ajudará a manter o cachorro abrigado do sol forte. Ela também é útil para acalmar cães excitados, porque restringe seu campo de visão e torna a viagem menos estimulante.

Grade para cães

Há carros que vêm de fábrica com canaletas que permitem a instalação de uma grade para manter o animal em um espaço confinado. Esse espaço ficará mais confortável se você colocar nele uma manta e um brinquedo.

Espera

Pratique o exercício "Espera" para o cão aprender a não saltar do carro no instante em que a porta for aberta. Ele precisa aprender a esperar dentro do carro até receber a ordem de sair. Comece esse exercício pedindo a alguém para segurar o cachorro preso na guia perto da porta que será aberta. Dê a ordem "Espera" e abra a porta vagarosamente. Recompense pela obediência. Em seguida, dê a ordem "Vem" e deixe o cachorro saltar para fora.

Gaiola de transporte

Cães que receberam adestramento para ficar em gaiolas podem fazer viagens de carro em gaiolas de transporte. Além de oferecer segurança, esse tipo de gaiola impede a atividade destrutiva. O cachorro se sentirá seguro e descontraído, mas não se esqueça de dar-lhe um brinquedo.

Paradas para descanso

Nunca deixe de levar um recipiente com água no carro, em especial nas viagens longas. Pare em intervalos regulares para o cachorro beber água e urinar, se for preciso.

Nervosismo

O comportamento nervoso é comum em raças de pequeno porte e em cães que ficaram isolados quando novinhos. Alguns se apavoram com objetos móveis que nunca viram, como skates ou carrinhos de bebê, enquanto outros se assustam com rojões ou trovoadas. O cão que demonstra medo de ser tocado ou que se assusta com o movimento das mãos pode ter sido vítima de abuso.

Medo de barulho

Grave uma fita com o barulho que assusta o cachorro. Em condições em que você esteja no controle, toque a gravação, começando bem baixinho, e recompense o cão por não ficar nervoso. Ao longo de várias semanas vá aumentando o som até ele ser tão alto como o que assusta o animal.

Medo de mãos

Coloque um petisco na mão aberta e encoste-a no chão diante do cão. Se você acha que ele poderá morder, siga as instruções para cães que mordem por medo *(ver pág. 142)*. Quando ele se acostumar a pegar a comida de bom grado, diminua a distância entre vocês e passe a ficar ao seu lado.

Solucionando problemas

Submissão

Os cães muito nervosos rolam no chão submissos e chegam até a urinar diante de situações assustadoras. Se o seu cão está apresentando esse comportamento durante o adestramento, você está sendo muito exigente. Desça

Timidez

Como têm medo de mãos, os cães nervosos afastam-se das pessoas por timidez.

O problema

A solução

Medo de objetos

Os cães podem ficar nervosos diante de objetos desconhecidos para eles, em especial os que se movimentam. Cachorros que vivem com famílias que não têm crianças pequenas costumam se assustar com carrinhos de bebê e podem se encolher de medo ou tentar correr quando avistam um deles.

Comendo perto do carrinho

Coloque uma comida muito saborosa no chão perto do carrinho do bebê. Vá aproximando cada vez mais a comida do carrinho até que a tigela de comida fique embaixo do carrinho. Movimente o carrinho uma vez ou outra e recompense o cachorro por não demonstrar medo.

Tédio

Os cães nasceram para ser sociáveis e seus sentidos, mentes e corpos precisam de estímulo. Se você chegar em casa e deparar com uma cena de destruição, não imagine que o cão se vingou por ter sido deixado sozinho. Os cães são incapazes de premeditar crimes contra a propriedade. Cavar buracos, ganir, destruir, saltar e andar de um lado para o outro sem parar são sinais de ansiedade e tédio.

Ganindo

Os filhotes de lobo ganem para chamar suas mães. Da mesma maneira, um cão entediado, frustrado e não estimulado late ou gane para atrair a atenção do dono quando se vê sozinho.

Destruição ansiosa

Um cão pode fazer muitos estragos em tapetes, bancos de carro e roupas. Esse comportamento é mais comum em cães inseguros e que não se exercitam, e principalmente ocorre com os adotados em centros de recolhimento, que são emocionalmente dependentes dos donos.

Informações adicionais

Treinando ficar sozinho

Teste o comportamento do cachorro deixando-o sozinho em um cômodo com um brinquedo. Depois de alguns minutos, entre no cômodo e elogie o cão por não ter mostrado sinais de tédio, como latir, arranhar o chão ou a porta ou andar de um lado para o outro. Repita esse exercício em cômodos diferentes e por períodos de tempo variados até o cão ficar sozinho sem exibir sinais de ansiedade.

Atividade física

Os cães precisam de atividade física e o melhor modo de solucionar problemas associados ao tédio é leva-los para passear para que façam exercício diariamente.

Brinquedos estimulantes

Ative a curiosidade natural do cão e recompense-o com petiscos. Encha um brinquedo com ração (considerando a ingestão diária de calorias) e ocasionalmente coloque um petisco dentro dele. O cão vai empurrar o brinquedo de um lado para o outro até conseguir tirar o prêmio.

Cavando

Apesar de alguns cães cavarem buracos para enterrar ossos e outros para criar depressões frescas para deitarem, muitos agem assim por frustração. Para afastar seu cachorro do gramado ou dos canteiros, faça para ele um pequeno tanque de areia e desvie para lá seu instinto natural de cavar.

Solucionando problemas

Despedida tranquila

Quando você for sair de casa, aja de maneira tranquila. Feche as cortinas e deixe uma TV ou rádio ligado para encobrir os ruídos que vêm de fora. Se a casa for nova, mesmo cães comportados podem apresentar problemas.

Usando os sentidos

Se vai sair, antes faça com seu cão exercícios físicos e mentais. Cachorros cansados mostram menor propensão para latir, cavar e destruir. Pegue um dos brinquedos do cão e esfregue as mãos nele para deixar seu cheiro.

Ambiente controlado

Antes de sair, coloque o cão na gaiola com um dos seus brinquedos preferidos *(ver pág. 44)*. Também será interessante aplicar um líquido amargo *(ver pág. 31)* nos locais ou objetos que o cão tem mania de roer.

O problema

A solução

Saltando sem parar

Quando está sozinho em um jardim, o cão entediado poderá procurar divertimento saltando sem parar para olhar por cima da grade. A ansiedade da separação também é a causa de andar de um lado para o outro, urinar para marcar território, ganir e cavar.

Intervenção barulhenta

Enfie várias latinhas em uma corda e pendure-a a uma altura de 1 metro do chão e a 30 centímetros de distância da cerca. Quando o cachorro saltar e bater na corda, o ruído inesperado e assustador servirá de castigo.

Para o trabalho

Os cães não devem ficar sozinhos em casa o dia inteiro, porque gostam de atividade. Se possível, leve-o com você quando for trabalhar. Isso reduzirá seu tédio e diminuirá o comportamento destrutivo.

Comer e descansar

Os cães ficam menos ativos quando estão de barriga cheia, por isso o comportamento destrutivo raramente surge depois da alimentação. Se o cão tiver de ser deixado em casa sozinho, alimente-o mais de manhã do que à noite.

Adestramento

Se o cão late e uiva sem parar quando fica sozinho, adestre-o para atender o comando "Quieto" *(ver pág. 82)*, depois encene saídas falsas. Atraia a atenção do cachorro, mande-o ficar quieto e saia pela porta da frente. Se ele começar a latir, jogue no chão um objeto metálico ou um molho de chaves para surpreendê-lo. Volte a entrar e elogie o cachorro por ter ficado quieto, depois saia de novo e recomece. Esse exercício requer tempo e paciência.

Bloqueio

Impeça o cão de pular na cerca colocando uma tela de arame na base, presa por alguns tijolos. Preste atenção ao escolher a tela: os buracos devem ser menores do que as patas do cachorro. A tela de arame dificultará os saltos e as tentativas de cavar.

Peça auxílio

Se você precisa mesmo deixar o cão sozinho por longos períodos, previna os problemas relacionados com o tédio pedindo a um amigo ou contratando um condutor profissional para passear e brincar com o cachorro.

Agitação

Os cães às vezes começam a apresentar um comportamento frenético devido à agitação. Latem histericamente, correm atrás do rabo, mastigam pedras, lambem os pelos compulsivamente ou exigem ser pegos no colo. Consulte seu veterinário para ter certeza de que a agitação não é causada por um problema de saúde. Munido dessa certeza, recomece o adestramento básico.

O problema

A solução

Saltos excitados

Os saltos exagerados, comuns em filhotes, podem ocorrer também em cães adultos agitados, pouco estimulados. A volta do dono para casa, vê-lo pegar a guia para passear ou a chegada de visitas são situações que desencadeiam esse comportamento. Exercícios frequentes reduzem esses pulos.

Obediência aos comandos

Em vez de usar uma ordem negativa, como "Fora", dê o comando "Senta". Não eleve a voz nem agite os braços para não estimular ainda mais o cão. Recompense-o por sentar e faça um carinho sob o seu queixo. Segurar a guia com o pé o impedirá de saltar.

Informações adicionais

Encontrando crianças
Para reduzir as oportunidades de o cão saltar sobre crianças, promova um encontro em condições controladas, com o cão preso na guia. Peça à criança para manter as mãos abaixadas. Recompense o cão por não saltar.

Implorando por atenção
Alguns cães saltam, latem, choramingam ou lambem para implorar por atenção ou comida. Isso não pode ser admitido. Nunca dê alimento para o cão enquanto você está comendo, pois ele nunca mais o deixará comer em paz.

Controle-se
Jamais dê uma joelhada ou pontapé no peito do cão, nem pise nas patas traseiras ou aperte as dianteiras quando ele saltar sobre você. Sempre use métodos positivos para controlar o cão. Mostre-se firme, não raivoso.

CHAVE DE ADESTRAMENTO

Senta e Fica	72
Controle dos Latidos	82

O problema

A solução

Mísseis caninos
Alguns cães pulam apenas para lamber o rosto do dono, como um filhote lambe a mãe, mas outros se atiram pelo ar na direção das pessoas como se fossem mísseis. Essa atitude é normal em brincadeiras entre cães, mas pode ser perigosa para as pessoas, especialmente se estiverem de costas para o animal.

Encontro no mesmo nível
Você deve ignorar o cumprimento exagerado do cão e continuar entrando em casa, evitando o contato visual. Somente deixe de ignorá-lo quando as patas tiverem voltado ao chão. Então, dê a ordem "Senta", depois se abaixe para chegar ao nível do cachorro e elogie sua obediência.

Solucionando problemas

Latidos em excesso

Muitos cães agem como se fossem verdadeiros alarmes, latindo ao ouvir qualquer barulho inesperado. Alguns, como os terriers e os poodles, acabam se transformando em "latidores" crônicos se não forem ensinados a controlar esse comportamento. O latido às vezes se torna rítmico, só parando momentaneamente ao receber uma ordem do dono. Atenção, porque, para o cachorro histérico, o grito "Quieto!" pode parecer que você está querendo contribuir para aumentar a barulheira.

Controle pela voz

Volte ao adestramento com os comandos "Fala" e "Quieto" *(ver pág. 82)* em situações que você possa controlar. Peça para um amigo tocar a campainha da casa enquanto você está ensinando o cão.

Latir é normal

Só o ato de latir em excesso ou compulsivamente deve ser controlado. Se ele começar a ter esse comportamento e se recusa a parar, pegue-o pela pele do pescoço, atrás das orelhas, force um contato olho no olho e diga "Quieto!".

Exigindo atenção

Pegue-me no colo!

Cães inseguros às vezes ficam histéricos se não forem pegos no colo. Esse comportamento é mais comum em cães dependentes, em especial se estiverem em um novo ambiente. Se o pedido não for atendido, o comportamento se tornará crônico, porque a adrenalina liberada será a recompensa.

Saltos olímpicos

Alguns cães pulam repetidamente a alturas surpreendentes na tentativa de lamber o rosto de uma pessoa. Não seja muito severo ao repreender os animais que apresentam esse comportamento, porque na verdade eles estão precisando adquirir maior autoestima.

Lamber em excesso

Se o cão tem a mania de lamber as patas dianteiras é possível que ele esteja com algum distúrbio, como o transtorno obsessivo compulsivo dos humanos. Esse hábito é comum nos dobermans e retrievers. Consulte o seu veterinário.

Correndo atrás do rabo

Alguns cães costumam correr atrás do próprio rabo quando estão agitados. Embora haja um forte componente genético nesse comportamento, a atividade é muito gratificante para ele e aumenta se não for devidamente controlada.

A solução

Desvie a atenção do cão oferecendo outra recompensa igualmente agradável. Mande-o sentar e ofereça um petisco ou brinquedo para distraí-lo. Se o problema persistir, consulte seu veterinário.

A solução

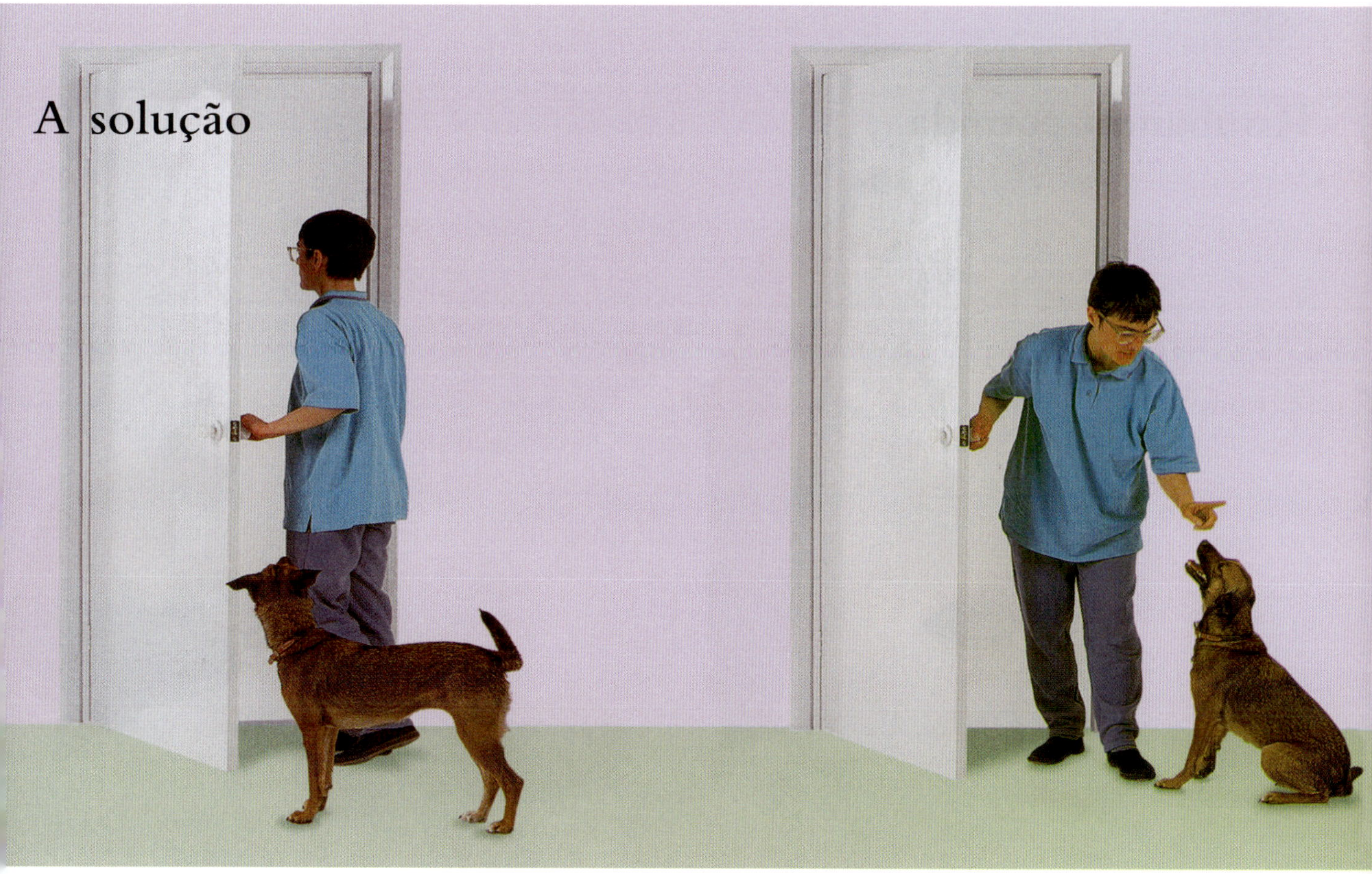

1 Se o cão está pulando de maneira persistente e obsessiva, até machucando você com as patas, saia do cômodo sem dizer nada. O cachorro ficará surpreso com sua partida inesperada e provavelmente irá se acalmar.

2 Um minuto depois, e só se o cão estiver calmo, entre novamente no cômodo e reafirme seu controle sobre ele dando-lhe o comando de sentar. Nunca deixe de recompensar se ele responder ao comando.

Problemas Com Comida

Desde o primeiro instante em que o cachorro chegar à sua casa, ensine-o a comer apenas na sua própria tigela. Alimentar o cão depois que toda a família comeu vai ensiná-lo a obedecer ordens, porque assim ele aprenderá que quem manda são os humanos. Não deixe comida em locais acessíveis, não dê comida da mesa para o cão e certifique-se de que sua lata de lixo está bem fechada.

Roubando comida

1 Se o seu cachorro está com a mania de mexer na lata de lixo, encene situações que o atrairão para ela na sua presença. Assim que o cão começar a mexer, dê o comando "Larga" em voz severa, para ele entender que essa atividade não é permitida.

2 Feche muito bem a tampa da lata de lixo e em seguida pulverize-a com um líquido amargo e não tóxico *(ver pág. 31)*. Deixe o cão cheirar a tampa. Para este método ser eficaz, o gosto desagradável na lata deve ser bem mais intenso do que a recompensa que o cachorro poderia obter atacando o lixo.

Solucionando problemas

Fezes de outros animais

Use o adestramento básico para evitar que seu cão fuce em fezes de herbívoros. Se você notar que ele está interessado nas fezes, dê a ordem "Não". Se ele pegar alguma quantidade na boca, dê a ordem "Larga".

Fezes de cachorro

Fezes de cachorro podem conter parasitas intestinais e, se ingeridas, dão origem a infecções que resultam em diarreia crônica. Para tirar esse hábito, jogue molho de pimenta vermelha nas fezes que encontrar no caminho.

Recusando-se a comer

Alguns cães se recusam a comer. Esse hábito é comum nas raças míni e também nos galgos. Os cães podem passar mais tempo sem comer do que os humanos. Deixe a tigela com comida diante do cão por apenas 10 minutos, depois retire-a. Repita esse processo diariamente, com quantidade cada vez menor, até o cachorro comer tudo.

Implorando

Implorando na mesa

Os cães que ficam pedindo comida na mesa são irritantes e dar um pedacinho de vez em quando é muito pior do que atendê-lo sempre. Os hábitos estabelecidos são mais fáceis de sanar do que ocorrências ocasionais.

1 Ensine o cão a pegar o alimento somente quando for permitido. Dê-lhe a ordem de sentar enquanto você prepara o alimento e nunca faça isso perto da mesa.

2 Coloque a tigela de comida no chão, mas mantenha o cão sentado até você dar o comando "Coma" ou "OK".

A Obesidade

Se você der muita comida para o seu cão estará diminuindo seu tempo de vida e prejudicando sua saúde e seu bem-estar. Na maioria das raças, a cintura deve ser perceptível e quem apalpa a caixa torácica tem de sentir as últimas costelas. Se o seu cão estiver engordando ou com excesso de peso, reduza a ingestão diária de calorias, aumente a atividade e consulte seu veterinário.

Jogos sem guia ao ar livre

Os exercícios que o cão faz sem a contenção da guia são os melhores, porque permitem que ele aja como um cão, que ele é. A quantidade e a complexidade dos exercícios devem variar de acordo com a idade, a raça e a saúde do cão.

Jogos com a família

Os jogos que você faz com seu cachorro, tanto dentro quanto fora de casa, não só fortalecem o relacionamento entre vocês, mas também melhoram a qualidade de vida do cão porque ele está recebendo sua permissão para usar sua mente e seu corpo.

Solucionando problemas

O alimento certo

Dar ao cachorro um alimento de alta qualidade e na quantidade correta é o tipo de regime que o manterá dentro do peso certo. Doces e petiscos humanos não devem fazer parte da dieta animal.

Olhos tristonhos

Não se deixe chantagear pelo cão que quer comer quando lhe dá na cabeça ou o encara com olhos profundamente tristes, pedindo um pouco da sua comida.

Petiscos como prêmios

Quando você estiver usando petiscos para recompensar o cão no adestramento, procure servir alimentos especiais para caninos. Ao calcular a ingestão diária de calorias, leve em conta esses petiscos.

Exercícios com jogos de buscar

O adestramento que ensina seu cão a ir buscar coisas *(ver pág. 93)* abre a porta para um verdadeiro mundo de brincadeiras. O exercício de atirar e buscar exige a concentração mental do cachorro e ao mesmo tempo promove uma saudável atividade aeróbica.

Aptidão para carregar

Faça bom uso da aptidão do seu cachorro para buscar e pegar mesmo quando ele estiver usando a guia.
A maioria das raças de trabalho gosta muito de ter uma tarefa para executar, mesmo que ela seja aparentemente sem graça, como carregar o guarda-chuva do dono.

Treinamento Eficaz

Se você deseja adestrar seu cão, ele tem de respeitá-lo como líder da matilha. Se você permitir que seu cachorro tome decisões próprias sobre sono e alimentação, por exemplo, ele logo passará a acreditar que o líder é ele. Manter um registro sobre o modo como você age com seu animal o ajudará a descobrir se você de fato está lançando os alicerces de um adestramento canino eficaz.

Ajuda profissional

É fácil encontrar profissionais especializados no adestramento de cães. Entre em contato com uma clínica veterinária para saber quais são os adestradores que atuam em sua região.

Aulas de socialização para filhotes

Adequadas para filhotes com menos de 16 semanas, essas aulas são o método ideal para apresentar os cachorrinhos a outros filhotes e pessoas. Promover festinhas para filhotes convidando alguns amigos e seus cães também é um modo de fornecer uma base firme para um adestramento mais formal.

Aulas de obediência básica

Estas aulas estão abertas para cães com mais de 16 semanas e também para filhotes que não participaram de aulas de socialização. Geralmente são dadas por adestradores experientes. O objetivo é ensinar tanto ao cachorro quanto ao dono os fundamentos da obediência canina.

Aulas de adestramento avançado

Apesar do adestramento básico ser perfeitamente adequado para a maioria dos cães, o treinamento avançado lhe dá um controle mais refinado sobre o seu cachorro. Ao apresentar você e seu cão a todo um mundo de prazer participando de competições de agility, faro, jogos e outros esportes caninos, o adestramento avançado ajuda a desenvolver o pleno potencial de parceria entre você e seu companheiro canino.

Adestramento em canis

Alguns canis oferecem cursos de adestramento onde o cão fica hospedado e é treinado em sua ausência. Apesar de esse tipo de "colégio interno" ser útil para trabalho especializado, sempre é melhor você e seu cão aprenderem juntos.

Adestramento individual

Alguns problemas de comportamento, como certas formas de agressão e ataque a animais de criação, são tão graves que exigem a contratação de um adestrador individual. Com certeza seu veterinário poderá indicar um adestrador competente ou um especialista em comportamento animal.

Auxílio veterinário

Se você não tem a intenção de fazer do seu cão um reprodutor, seria interessante considerar a esterilização. A castração precoce diminui, e até elimina, o risco de tumores mamários e infecção uterina nas fêmeas e problemas de próstata e tumores perianais em machos. Além disso, o cão castrado reage melhor ao adestramento. Fique também atento aos problemas de comportamento. Se o seu cachorro não está agindo como de hábito ou se surgirem problemas comportamentais, consulte um veterinário. A mudança no comportamento pode ser sinal de doença mental e, em circunstâncias excepcionais, o veterinário poderá recomendar um pequeno período de medicação contínua para certos distúrbios comportamentais.

A tabela e o que ela significa

Preencha a tabela

Consulte a tabela abaixo e marque com um X as respostas certas. (Se você não quiser escrever no livro, faça uma fotocópia.) Quando terminar, verifique qual foi a coluna com maior quantidade de respostas.

Qual foi o resultado?

Se suas respostas estão concentradas na primeira coluna, você está a caminho de se tornar um adestrador eficaz. Se a maioria delas estiver na segunda coluna, é bom procurar a orientação de um adestrador profissional.

REGISTRO DE ADESTRAMENTO				
Como você adquiriu seu cão?	Criador/Amigo		Anúncio/Abrigo/Pet shop	
Qual era a idade do cão quando você o adquiriu?	Menos de 26 semanas		Mais de 26 semanas	
Sua cadela foi esterilizada?	Sim		Não	
Seu cão foi castrado?	Sim		Não	
Você já teve outros cachorros?	Sim		Não	
Quando seu cão é alimentado?	Nas horas certas		Quando ele pede	
O cão come depois de você?	Sim		Não	
Quando o cão faz suas necessidades?	Nas horas certas		Quando ele quer	
Onde o seu cão dorme?	Na cozinha/Fora de casa		Quarto da família/Na cama	
Com que frequência você faz a higiene (banho, etc.)?	Frequentemente		Poucas vezes	
Como seu cão reage a esse trato?	Ele gosta		Não gosta	
Quando seu cão passeia para se exercitar?	Nas horas certas		Quando ele quer	
Qual é a duração desse passeio?	Mais de 1 hora por dia		Menos de 1 hora por dia	
Você tem controle sobre o cão quando ele anda sem a guia?	Sim		Não	
Onde você guarda os brinquedos do seu cão?	Em uma caixa especial		Ficam espalhados pela casa	
Seu cão costuma brincar com outros cachorros?	Frequentemente		Poucas vezes	
Seu cão costuma brincar com outras pessoas?	Frequentemente		Poucas vezes	
Seu cão costuma ficar sozinho em casa?	Frequentemente		Poucas vezes	
Você costuma brincar com seu cão?	Frequentemente		Poucas vezes	

Índice

A

B

C

H

I

J

L

M

N

O

Agradecimentos

Agradecimentos do Autor

Por um desses felizes acasos do destino, conheci Patricia Holden White que, além de ser minha agente literária há anos, tambem é adestradora de cães. Profissionalmente, Patricia é agente literária, cuidando dos interesses de autores e ilustradores; mas, nos fins de tarde, ela é uma das mais respeitadas adestradoras da Grã-Bretanha. Por isso, ninguém melhor do que ela para ser co-autora deste livro. Nós dois fomos influenciados por uma visão sensata, prática e realista de adestradores como John Rogerson e o falecido John Fisher na Grã-Bretanha, e Monks of New Skete e Terry Ryan nos Estados Unidos. Eu agradeço a Pat pela escolha dos modelos, tanto humanos quanto caninos, para a realização das fotos e por assegurar tão eficientemente que suas performances estivessem corretas.

Agradeço também à equipe da DK: Deirdre Headon, Lee Griffiths, Wendy Bartlet, Heather Jones e David e Sylvia Tombesi-Walton da Sands Editorial por aperfeiçoar o texto com sua habitual eficiência e gentileza.

Patricia Holden White agradece a todos que contribuíram com seu tempo, ajuda e cedendo seus cães para a edição deste livro. Em particular, agradece aos membros do Hammersmith Dog Training Club, John Uncle e aos membros do London Canine Training Establishment, Alan Menzies e aos membros do Alan Menzies Dog Training Club.
Os métodos carinhosos e não agressivos usados neste livro são baseados num amálgama de filosofias de adestramento, testadas durante anos, e que funcionou com a maioria dos cães. Agradeço também a contribuição de John Rogerson, John Holmes, Gail Fisher, Terry Ryan e Turid Rugaas na elaboração do meu próprio método de adestramento. Meus agradecimentos vão também para Roy Hunter, cuja Anglo-American Dog Training tem sido uma luz para centenas de adestradores do mundo inteiro na promoção de um adestramento mais carinhoso. Trabalhei com Bruce Fogle em vários livros da Dorling Kindersley. Nós compartilhamos agradavelmente o adestramento de cães de dois diferentes, mas semelhantes, pontos de vista. Obrigada, Bruce, pelo privilégio e pela alegria de trabalhar com você. E agradeço à brilhante equipe da DK que realizou este projeto.

Agradecimentos do Editor

Dorling Kindersley agradece às seguintes pessoas por cederem seus cães como modelos para as fotos:

Malcolm e Melissa Ambrose (*Jemima*); Linda Ashton (*Merlin*); Hermione Austin (*Tigger* e *Erasmus*); Gill Bartlett (*Katie*); Jessica Berkeley; Vicky Bickell; Charlotte Bishop (*Floss*); Ian e Rebecca Bowman (*Dottie*); Anna-Marie Brocchi (*Cita* e *Aila*); Meriel Brook-Withnell (*Platek*); Sheila Butler (*Henry*); Mrs Cardiel (*Dylan*); Pamela Clarke (*Freo*); Suzanne Collins (*Karma* e *Harvey*); Keeley Daines (*Jordan*); Christine Davis (*Spike* e *Thomas*); Mel Dawson (*Digby*); Mrs Fielding (*Benjy*); Bruce Fogle e Julia Foster (*Liberty*, *Lexington* e *Macy*); Sonia Funcheon (*Tessa*); Donald Goddard (*Violet*); Nicholas Goodall; Lisa e Vanian Graham (*Bonnie*); Barbara Greeves; Michael Guest (*Ben*); Thomas, William e Daniel Hunter; Billie Ingram (*Arthur*); Rosalind Ingram (*Diva*); Thomas Lamonte Johnson; Jeremy Kane (*Polly*); Collette Kase (*Semtex* e *Ginger*); Norma Kerr (*Cassie*); Wendy Kirby e Stephen Fuller (*Cosi* e *Coco*); Jennie Lodge (*Jake*); Danuta Mayer (*Bilbo*, *Gyp*, *Sinann*, *T.B.* e *Alpha*); Tim Macpherson (*Lolly*); Elizabeth McAllister; Diana Melly (*Joey* e *Bobby*); John McClenaghan (*Armi*); Alan Menzies; Jan Moore (*Zenobia*); Peter Muswell (*Maisie* e *Prudie*); Marcel e Jane Nassirzadh (*Carlo*); Christopher Netto (*Brewster* e *Tacit*); Ann Marie Donovan O'Neill (*Fionn*); Maria Peploe; Paul and Persephone Pickering; Paolo Pimental (*Islay*); Carol Rasen (*Zoe*); Michael Rasser (*Freddie*); Tim Ridley; Camilla Sampson (*Humphrey* e *Hubert*); Caroline Schroder (*Sprocket*); Scott Simpson (*Jess*); Maureen Solender (*Bailey*); Lena Stenton (*Taz*); Jane Stevenson (*Henry*); Giles Stokoe; William Thompson; Janice Travell; Jennifer Travell; Sandra Turnbull (*Zen*); John Uncle (*Derby*, *Ziggy*, *Billie* e *Lucca*); Doris e Rachael Urqhart (*Lottie* e *Millie*); Peter Waldman (*Sam*); David Ward e Jenny Berry (*Mr Badger* e *Hattie*); Diana Veale (*Beamish*); Patricia Holden White (*Quince*, *Rowan*, *Damson*, *Heaven*, *Medlar* e *Gage*); Mrs Wilde (*Emmie*); Rebecca Williams; Winnie Westbrook; Mrs Wood (*Leah*); Chrissie Yggmark (*Morgan*).

Dorling Kindersley também deseja agradecer a Steve Cheetham e Pippa Bush da RSPCA (Real Sociedade para a Prevenção da Crueldade contra os Animais) por sua consultoria e à Pedigree Petfoods pelo fornecimento de equipamentos e materiais.

Fotos

Chave: t *topo*, b *baixo*, c *centro*, e *esquerda*, d *direita*
O Editor agradece às seguintes pessoas pela gentileza de permitir a reprodução de suas fotos:

Todas as fotos são de Tim Ridley, exceto:
Nicholas Goodall 130-131, 165; Anna Hodgson 5, 6cd, 7c, 8-9, 12, 39, 52-53 (fundo), 66, 68, 96, 114; Dave King 14c, 14cd, 15cd, 15ce; Tracy Morgan 14te, 15ce, 15bd, 18, 32te, 36te, 42cd, 45te, 50te, 82te, 102te, 113cd, 154cd, 155ce, 168cd, 169cd, 169ce, 171; David Ward 1, 7cd, 12, 16te, 17cd, 17td, 25td, 40te, 48, 52-53, 60-61, 63td, 64-65, 69te, 70c, 70ce, 70cd, 71ce, 80-81, 84cd, 84te, 100-101, 104-105, 106-107, 108-109, 111ce, 111cd, 112c, 112te, 116-117, 118-119, 120-121, 129ce, 129cd, 130te, 132-133, 134-135, 136te, 146, 152, 153, 154ce, 158td, 159ce, 159cd, 167-168, 168te, 168ce, 170
Bruce Coleman Ltd: Adriano Bacchella 2, 6c. Eyewire: 4l, 5l. 49.
N.H.P.A.: Susanne Danegger 3, 92. Photonica: Tomonori Taniguchi 28. Powerstock Photolibrary/Zefa: 9. RSPCA: David Dalton 111te; Cheryl A. Ertelt 110.
Fotos da Capa: *Frente*: Corbis Stock Market: Charles Mann.
Verso: Ardea London Ltd: te. Powerstock Photolibrary/Zefa: ce.
Lombada: gettyone stone: Tim Davis

Para maiores informações, consulte: www.dkimages.com

Ilustrações

Rowan Clifford 151